BIRGIT EBBERT

Wer mordet schon
im Ruhrgebiet?

MORDS-METROPOLE Ob in Xanten, Dortmund, Essen, Waltrop oder Hagen, der Tod kennt sich überall im Ruhrgebiet aus. Und unter den fünf Millionen Einwohnern findet sich stets ein Opfer. Sei es in einem Schmetterlingshaus, im größten Binnenhafen der Welt oder in der Villa Hügel, dem ehemaligen Wohnhaus der Krupps. Doch drei Hobbykriminalisten stellen sich dem Verbrechen in den Weg: Die Krimi-Buchhändlerin Anja Henke verfügt über viel theoretische Erfahrung in der Verbrechensbekämpfung. Genauso wie Sven Kempelmann, der Krimi-Fan und Blogger. Hannes Haarmann komplettiert das Trio. Der ehemalige Bergmann verdingt sich seit Neuestem als Privatdetektiv. Zusammen wollen sie dafür Sorge tragen, dass ihre Heimat ein bisschen sicherer wird.

Birgit Ebbert, geb. 1962 in Borken/Westfalen, studierte in Bonn und Münster Erziehungswissenschaften, Psychologie und Soziologie. 1993 promovierte sie über Erich Kästner. Nach Stationen in Stuttgart und Bochum lebt sie heute in Hagen und ist als selbstständige Unternehmerin und als freie Autorin tätig. Sie kann auf eine Vielzahl an Veröffentlichungen im Bereich Jugendbuch, Ratgeber und Lernhilfen zurückblicken.

Bisherige Veröffentlichungen im Gmeiner-Verlag:
Schneewalzer (2015)
Falsches Zeugnis (2015)
Brandbücher (2013)

BIRGIT EBBERT

Wer mordet schon im Ruhrgebiet?

11 Krimis und 125 Freizeittipps

GMEINER SPANNUNG

Die automatisierte Analyse des Werkes, um daraus
Informationen insbesondere über Muster, Trends und
Korrelationen gemäß § 44b UrhG (»Text und Data Mining«)
zu gewinnen, ist untersagt.

Bei Fragen zur Produktsicherheit gemäß der Verordnung
über die allgemeine Produktsicherheit (GPSR) wenden Sie
sich bitte an den Verlag.

Besuchen Sie uns im Internet:
www.gmeiner-verlag.de

© 2015 – Gmeiner-Verlag GmbH
Im Ehnried 5, 88605 Meßkirch
Telefon 07575 / 2095 - 0
info@gmeiner-verlag.de
Alle Rechte vorbehalten

Lektorat: Sven Lang
Herstellung: Mirjam Hecht
Umschlaggestaltung: U.O.R.G. Lutz Eberle, Stuttgart
unter Verwendung eines Fotos von: © PattySia – Fotolia.com
und © GordonGrand – Fotolia.com
Druck: Libri Plureos GmbH, Friedensallee 273,
22763 Hamburg
Printed in Germany
ISBN 978-3-8392-1776-4

ESSEN – SCHNITT, AUS, ENDE

Oliver Henke steuerte sein Fahrzeug die Allee hinunter, die zur Villa Hügel **1** führte. »Wir sind spät dran, hoffentlich sind nicht alle Parkplätze belegt.«

»Sorry«, sagte seine Frau Anja und entschuldigte sich zum wiederholten Mal. Sie hatte erst Fotos auf ihren Laptop ziehen müssen, weil ihre Speicherkarte vom Besuch des Essener Münsters **2** und der Abtei Werden **3** voll war.

Oliver schwieg. Sie hatten die halbe Fahrt darüber debattiert, dass Anja die anderen Speicherkarten in ihrem Krimiladen vergessen hatte.

»Da vorne ist ein Platz.« Anjas Finger stieß gegen die Scheibe, als sie ihrem Mann den Weg weisen wollte. Sie hatte recht. Neben einem schwarzen Mercedes war tatsächlich eine Parklücke, wahrscheinlich die letzte. Etwas eng zwar, aber Oliver bugsierte seinen Honda geschickt zwischen die Fahrzeuge.

»Kommst du raus?«, fragte er, als Anja die Tür öffnete.

»Zum Glück habe ich heute noch nichts gegessen, sonst wäre es knapp«, sagte sie mit einem leichten Grinsen.

Sie war erleichtert, als Oliver mit einem Lachen antwortete, das anzeigte, dass auch seine Missstimmung verflogen war. Sie waren wirklich sehr spät. Auf dem Parkplatz war niemand mehr, hoffentlich hatte das Konzert noch nicht begonnen. Ihre Unpünktlichkeit schien sich vor allem bei kulturellen Veranstaltungen zu zeigen. Erst vor einigen Wochen waren sie zu einer Ausstellungseröffnung im Folkwang Museum **4** zu spät gekommen.

Anjas Blick fiel auf den Fahrersitz der schwarzen Limousine nebenan, während sie sich aus dem Auto schlängelte. Ein Mann mit weißem Bart und Stirnglatze saß dort.

»Guck mal, da schläft einer«, flachste sie.

»Besser hier als im Konzert«, entgegnete Oliver trocken.

Anja grinste. Sehr zur Erheiterung ihrer Tochter Ida hatte erst kürzlich im Filmstudio Glückauf **5**, nur zwei Reihen hinter ihnen, ein Opa laut geschnarcht. Sie warf einen letzten Blick auf den Mann, der ohne Zweifel für ein Konzert in dem festlichen Rahmen gekleidet war. Weißes Hemd, weinrote Fliege, schwarze Jacke, unter der eine Weste hervorschaute, wie man sie nur noch selten sah. Das Fotomotiv konnte sie sich auf keinen Fall entgehen lassen. Sie ging in die Hocke und fotografierte den Mann von verschiedenen Seiten.

»Auf, auf, wir sind immer noch spät dran und du kannst mit dem Foto doch nichts anfangen«, drängelte Oliver und hielt ihr seinen Arm hin.

Anja schob ihre Kamera in die Tasche und hakte sich bei ihm ein. Ein Blick auf die Armbanduhr zeigte ihr, dass das Konzert in drei Minuten beginnen sollte. Der Platz vor dem eindrucksvollen Portal der Villa Hügel war fast leer. Lediglich eine Frau stöckelte eilig auf die Tür zu.

Außer Atem erreichte Anja die Garderobe. Während sie ihre Fotogenehmigung suchte, fiel ihr auf, dass die Frau, die vor ihnen das Gebäude betreten hatte, über eine Wendeltreppe verschwand. Oliver dagegen stand bei einem Mann in Livree neben der Treppe und wartete. Endlich hatte sie die Bescheinigung gefunden und durfte mit ihrer Kameratasche die Treppe hinaufgehen.

Sie betrat hinter ihrem Mann den Konzertsaal und war wie immer beeindruckt von der Einrichtung. Diese alten Gebäude übten eine magische Kraft aus, fand sie. Ob das Schloss Borbek **6** oder Schloss Hugenpoet **7** war, die Margarethenhöhe **8** oder die Alte Synagoge **9**. Selbst die Architektur auf Zeche Zollverein **10** wirkte so majestätisch, dass sie nicht verstand, wieso ihre Freunde über das Ruhrgebiet lästerten.

Hinter ihr schloss eine Frau die Tür, nicht ohne vorher zur Treppe und nach vorn zur Bühne zu blicken. Fast hätte sie Anja mit ihrer Nervosität angesteckt.

Vielleicht wartet sie auf ihren Begleiter, der einen Parkplatz sucht, dachte Anja. Das würde nicht leicht werden, Oliver hatte den letzten belegt.

Ihr Mann winkte ihr zu und sie ging auf Zehenspitzen den Gang entlang, damit ihre Absätze nicht klapperten wie die einer anderen Frau, die hinter ihr zu ihrem Platz zu gehen schien. Kaum saßen Oliver und Anja auf ihren Plätzen, da erschien auf der Bühne Guido Möllmann, der Veranstaltungsleiter, den Anja von früheren Besuchen kannte.

»Wir bitten um Entschuldigung, dass sich der Beginn verzögert. Wir warten auf Maestro Lombardi, der schnell etwas aus dem Auto holt. Bis dahin darf ich Ihnen die Mitarbeiter vorstellen, die für Ton, Licht und Service zuständig sind.«

Anja und Oliver sahen sich an. Das hatten sie noch nie erlebt. Auch der Rest des Publikums schien irritiert, als Guido Möllmann langsam alle Namen einzeln aufzählte, einschließlich die der Garderobenfrauen.

Nach dem letzten Namen wirkte er, als fiele ihm nichts mehr ein. Er blickte durch den Mittelgang auf die Frau an der Eingangstür. Anja bemerkte, wie diese den Kopf schüttelte, die Schultern hochzog und durch die Tür verschwand.

»Wie es aussieht, braucht der Maestro länger als gedacht«, sprach der Veranstaltungsleiter weiter. »Dann bitte ich die Musiker auf die Bühne. Sicher möchten Sie gerne wissen, wer für Sie hier immer so wunderbar spielt.«

Die Musiker des Folkwang Kammerorchesters betraten die Bühne. Einer nach dem anderen nahm auf seinem Stuhl Platz. Als Letzter mit kleiner Verzögerung erschien ein Geiger.

»Das ist sicher der Konzertmeister«, flüsterte Oliver Anja zu. »Der kann es sich leisten, zu spät zu kommen.«

Doch Oliver Henke irrte sich. Guido Möllmann stellte einen anderen Geiger als Konzertmeister vor und stutzte, als er den Namen des Musikers am Kontrabass verlas. Der Platz war leer. Während er die Flötisten bat, einzeln aufzustehen, kam der Vermisste mit dem Kontrabass auf die Bühne.

Im gleichen Augenblick flog die Tür hinter den Zuschauern auf und die nervöse Frau hastete mit lautem

Stöckelschuh-Stakkato nach vorn. Sie flüsterte Guido Möllmann etwas ins Ohr.

Anja fiel auf, dass der Mann blass wurde. Irgendetwas war geschehen. Rasch hob sie die Kamera und fotografierte das Orchester. Eine innere Stimme sagte ihr, dass das Konzert nicht stattfinden würde. Der Bärtige in dem Mercedes kam ihr unversehens in den Sinn.

Die nervöse Frau verließ durch eine Seitentür den Veranstaltungsraum und der Geschäftsführer räusperte sich. »Ähem. Wie ich soeben erfahren habe, geht es dem Maestro nicht gut. Äh, er ist unpässlich. Das Konzert kann leider nicht stattfinden.«

Ein Raunen ging durch das Publikum.

Anja sah, wie der Kontrabass-Spieler blass wurde. Sie blickte die anderen Musiker an. Der Geigenspieler, den sie fälschlicherweise für den Konzertmeister gehalten hatte, wischte sich mit einem Tuch über die Stirn.

»Sie bekommen natürlich Ihren Eintritt erstattet und wenn Sie zehn Minuten warten, laden wir Sie zu einem Umtrunk ein, als Dank dafür, dass Sie den Weg auf sich genommen haben.«

Die nervöse Frau huschte wieder in den Saal.

Da erscholl eine Stimme, die Anja nicht orten konnte. »Was ist mit meinem Mann?«

Anja blickte sich um. In der Nähe der Seitentür entdeckte sie eine Frau in ihrem Alter.

»Was ist mit meinem Mann?« Die Stimme der Frau klang schrill, als sie ihre Frage wiederholte, während sie aufstand und geräuschvoll zu Guido Möllmann stöckelte.

»Gnädige Frau, bitte kommen Sie doch mit.« Der Veranstaltungsleiter beeilte sich, die blonde Frau mit dem gepflegten Pagenschnitt aus dem Raum zu bringen.

Anja beobachtete, wie die Musiker sich ratlos anschauten, bis auf den Geiger und den Kontrabassisten, die sich als Erste erhoben und dem Geschäftsführer folgten.

»Mist, ich habe meine Lesebrille im Auto vergessen«, raunte Anja ihrem Mann zu. »Ich bin gleich wieder da.« Sie stand auf und spürte auf dem Weg zum Ausgang die Blicke ihres Mannes. Sie ahnte, was er dachte: »Die brauchst du jetzt auch nicht mehr.«

Es gelang Anja vor den ersten Besuchern, die sich ebenfalls erhoben hatten, am Ausgang zu sein. Sie hastete die Treppen hinunter und bemerkte erst im Foyer, dass sie keinen Autoschlüssel bei sich hatte. Das war eigentlich auch nebensächlich, denn ihre Lesebrille befand sich ohnehin wie gewohnt im Seitenfach der Kameratasche. Sie wollte nur überprüfen, ob sie mit ihrer Vermutung richtig lag. Anja musste nicht bis zum Auto gehen, um ihren Verdacht zu erhärten. Die nervöse Frau stand hinter Olivers Fahrzeug. Zwischen seinen Honda und einen Mercedes hatte sich der Geschäftsführer mit der blonden Frau gedrängt, die am Türgriff des Daimlers rüttelte und rief: »Mach auf, Enrico. Bitte mach auf.«

Anja wunderte sich, wieso das Auto verschlossen war, obwohl der Mann darin saß.

»Dachte ich es mir doch, dass du da bist, wo etwas los ist?«, hörte sie die Stimme ihres Mannes hinter sich. »Deine Schlafmütze scheint wohl für immer zu schlafen, was?«

»Wenn ich das gewusst hätte«, seufzte Anja.

»Was hättest du dann gemacht?«, erkundigte sich Oliver.

Ja, was hätte sie dann gemacht. Ein Foto von dem vermeintlich Schlafenden hatte sie. Was hätte sie sonst tun können? Die Polizei rufen. Ein Einsatzfahrzeug fuhr soeben auf den Parkplatz, ein anderes hielt vor den Eingangsstufen, auf denen sich die Konzertbesucher drängten.

»Bitte gehen Sie wieder ins Haus!«, forderte eine Polizistin sie auf.

Anja und Oliver versuchten, sich durch die Besucher, die dennoch das Haus verlassen wollten, wieder in die Villa zu schieben. Ein großes Gedränge entstand, bei dem für wenige Minuten niemand vor- und zurückgehen konnte.

»Der Alte ist tot«, hörte Anja neben sich eine junge Männerstimme. Sie sah zur Seite und bemerkte den Geigenspieler, der sich mit einem anderen Musiker unterhielt.

»Tu doch nicht so, als täte dir das leid«, flüsterte der Kollege. »Jetzt hast du freie Bahn.«

Anja prägte sich die Gesichter der beiden ein, als sie von der Menge nach vorn geschubst wurde.

»Hast du gehört, der Maestro wurde ermordet«, sagte die Frau, neben der sie stehen bleiben musste, zu ihrem Begleiter.

»Erzähl doch nicht solch einen Quatsch. Wer würde Enrico Lombardi umbringen? Das war doch ein alter Tiger, der schon lange nicht mehr brüllte.«

Anja stellte sich den Mann im Auto vor. Er mochte an die 70 gewesen sein, seine Frau war höchstens Ende 30.

»Kommst du, Schatz?«

Anja war so vertieft in ihre Überlegungen, dass sie nicht bemerkt hatte, dass sich vor ihnen eine Gasse gebildet hatte, die Oliver nutzte.

»Wir trinken erst einmal etwas«, sagte ihr Mann. »Da unser Auto direkt neben dem des Toten steht, können wir vorerst sowieso nicht nach Hause fahren.«

Anja war das recht. An dem Tisch mit den Getränken wimmelte es von Musikerinnen und Musikern. »Ich gehe schon«, bot sie rasch an und verschwand im Getümmel, ehe Oliver sie aufhalten konnte.

Während sie die Musiker belauschte, versuchte sie, zwei Gläser Sekt zu beschaffen.

»Nomen est omen«, hörte Anja eine dunkelhaarige Frau zu dem Konzertmeister sagen. »Für Felix ist es doch ein Glücksfall, dass der Alte aus dem Weg ist. Da hat er freie Bahn bei Maria.«

»Felix, Maria«, wiederholte Anja in Gedanken die Namen und schaute in der Kameratasche nach, ob sie das Konzertprogramm eingesteckt hatte.

»Wieso kam der eigentlich so spät?«, fragte der Konzertmeister. »Das war schon fast peinlich, wie er sich in den Vordergrund gerückt hat.«

»Aber nichts gegen Oskar«, entgegnete die Dunkelhaarige. »Wenn der nicht bald etwas gegen sein Lampenfieber tut, wird er nicht mehr eingesetzt. Der Maestro hat ihm das mehrmals angedroht.« Sie schlug die Hand vor den Mund.

»Genau. Der Maestro wird gar nichts mehr tun.« Der Rest der Antwort ging in einem lauten Ruf unter.

»Polizei. Wir müssen Sie leider bitten, etwas auszuharren. Auf dem Parkplatz wurde ein Verbrechen verübt. Wir werden mit jedem von Ihnen sprechen und beginnen mit den Streichern.«

Der Konzertmeister drückte sich nach vorn. Fast hätte er die beiden Gläser aus Anjas Hand gestoßen, weil er es so eilig hatte.

Anja strengte sich an, ihm durch die Gasse zu folgen. Zum Glück stand Oliver am Rand der Menschengruppe, ganz in der Nähe des Polizeibeamten, der mit seinem Ruf die Menge aufgescheucht hatte. Sie reichte ihrem Mann ein Glas und stellte sich so, dass sie mithören konnte, was der Polizist und der Konzertmeister besprachen.

»Das ist Kommissar Volker Zimmermann, er leitet die Ermittlungen im Fall Enrico Lombardi«, stellte der Uniformierte dem Konzertmeister einen Mann in Anjas Alter vor. Sie sah zur Seite und schmunzelte, weil ihr als Erstes der Totenkopf im Ohr des Mannes mit dem Dreitagebart aufgefallen war.

»Aber wieso Ermittlungen?«, wollte der Konzertmeister wissen. »Ich dachte, er hätte einen Herzanfall oder etwas Ähnliches. Enrico war nicht mehr der Jüngste und klagte gelegentlich über Schmerzen in der Brust.«

»Das ist jetzt wohl vorbei.«

Anja gab sich Mühe, nicht herauszuprusten, als der Kommissar diese Bemerkung machte. Sie wurde jedoch gleich wieder ernst.

»Leider gibt es keinen Zweifel daran, dass jemand Enrico Lombardi getötet hat«, sagte der Beamte.

Gespannt horchte Anja, ob der Kommissar verraten würde, wie der weißbärtige Mann ums Leben gekommen war. Doch dieser erkundigte sich beim Konzertmeister lediglich danach, wo welche Musiker in der Stunde vor dem Betreten der Bühne gewesen waren.

»Uns interessieren besonders die Streicher«, schloss er seine Bitte.

Anja erinnerte sich an den verspäteten Auftritt des Geigers und des Mannes mit dem Kontrabass.

»Wir waren zusammen im Vorbereitungsraum«, berichtete der Konzertmeister. »Bis auf Felix.« Er stockte und verzog verächtlich das Gesicht. »Der wird sicher seine Ration Liebe bekommen haben.«

Der Kommissar runzelte die Stirn. »Wie darf ich das verstehen?«

Der Konzertmeister blickte nach rechts und links, ehe er sich zu dem Beamten vorbeugte. »Der hat was mit Madame.«

Anja verdrehte die Augen. Konnte dieser Typ nicht deutlicher werden? Wer war jetzt Madame? Das konnte jede Frau sein. Sie ging in Gedanken die Musikerinnen durch, es waren nicht viele und alle wirkten eher verhuscht. Keine von ihnen würde sie als Madame bezeichnen. Die Frau des Dirigenten hingegen wirkte dominant. Zu ihr würde ›Madame‹ passen.

»Komm, wir drehen eine Runde durch die Räume.«

Anja ärgerte sich, dass Oliver mit seiner Frage die ohnehin leise Stimme des Konzertmeisters übertönte. Sie verstand nur noch Frau und Kontrabass.

»Okay«, stimmte sie dann Olivers Vorschlag zu. Er

würde ohnehin keine Ruhe geben und vielleicht konnte sie von einem Fenster aus auf den Parkplatz blicken und sehen, was dort vor sich ging.

Zum Glück traf Oliver eine Kollegin, die ihn ins Gespräch verwickelte, so konnte Anja vom Fenster aus verfolgen, wie das Auto des Weißbärtigen aus der Parklücke geschoben und die Tür geöffnet wurde. Komisch, dass der Mann nicht vom Sitz fiel.

Anja blickte durch ihre Kamera, froh über das starke Zoom-Objektiv, das ihr erlaubte auch auf große Entfernungen halbwegs brauchbare Fotos zu machen. Sie löste mehrmals aus, obwohl sie nicht erkennen konnte, was die Rettungssanitäter, die sich an dem Auto zu schaffen machten, dort trieben.

»Anja, darf ich dir Simone Möhring-Westkamp vorstellen und ihren Mann Oskar Westkamp«, sagte Oliver.

Anja ließ die Kamera sinken und sah sich um. Neben Oliver standen eine Frau, die sie noch nie zuvor gesehen hatte, und der Mann mit dem Kontrabass. Sie schüttelte beiden die Hand und hörte zu, wie Oliver erklärte, dass sie einen Krimiladen besaß.

Kam es Anja nur so vor oder wurde Oskar Westkamp blass, als Oliver berichtete, dass sie gelegentlich der Polizei bei den Ermittlungen half?

»Sehr bedauerlich, dass Sie nicht spielen konnten«, sagte Anja, um ein wenig Small Talk zu machen. Obwohl ihr die Bemerkung dann doch unpassend erschien.

»Ach, ich bin nicht böse«, nahm der Kontrabassspieler den Gesprächsfaden auf. »Musik ist mein Leben. Aber Auftritte sind für mich der reine Horror.«

»Mein Mann ist vor den Konzerten so nervös, dass er«, Simone Möhring-Westkamp stockte kurz, als müsse sie sich besinnen, was sie da sagte, »dass er sich zurückzieht und niemanden um sich haben will«, beendete sie ihren Satz schließlich.

Anja ahnte, was das an diesem Abend bedeutete. Oskar Westkamp hatte kein Alibi.

»Hat denn jeder Musiker einen eigenen Raum?«, erkundigte sie sich.

Oskar Westkamp lachte bitter auf. »Das wäre schön. Natürlich nicht. Ich verschwinde immer in einem der WC-Räume. Ist sowieso besser.«

Anja wollte nicht so genau wissen, wieso das besser war. Vielmehr interessierte sie, ob er den Raum unbemerkt verlassen konnte oder nicht.

»Richtig ruhig ist es da natürlich auch nicht. Es gibt drei Kabinen und davor befinden sich die Waschbecken. Da geht immer jemand rein und raus.«

Du wirst noch froh darüber sein, dachte Anja und strich den Mann erst einmal von ihrer Liste der Verdächtigen. Sie konnte sich auch nicht vorstellen, dass der Mann einer Bekannten von Oliver jemanden umbrachte. Das war ein unsinniger Gedanke, aber ganz wollte sie ihren Glauben an das Gute in der Welt nicht aufgeben.

»Was ist eigentlich mit dem Geiger?«, wechselte Anja das Thema. »Hat der auch Lampenfieber? Mir schien, er schwitzte heftig.«

Oskar Westkamp und seine Frau lachten laut auf. »Der hat kein Lampenfieber, sondern ein Verhältnis.«

Simone Möhring-Westkamp beugte sich zu Anja hinüber. »Mit der Frau des Maestros«, flüsterte sie.

»Vor jedem Konzert zieht der Maestro sich in seine Garderobe zurück. Er hat natürlich eine eigene«, sagte Oskar Westkamp mit einem Blick zu Anja. »Ein, zwei Stunden, je nachdem, was wir spielen. Er geht die Partitur durch.«

Simone Möhring-Westkamp sah sich um, ehe sie leise sagte: »In dieser Zeit wird Felix Baumann von Maria van Esten-Lombardi auf das Konzert vorbereitet.« Sie zwinkerte Anja und Oliver zu. »Sie verstehen?«

Anja verstand, was sie damit sagen wollte, zumal sie schon vorher von dem Verhältnis zwischen der Gattin des Verstorbenen und dem jungen Geiger gehört hatte. »Hat die Polizei Sie bereits befragt?«, wollte sie wissen. »Ich habe mitbekommen, dass die Streicher als Erstes vernommen werden sollten.«

Oskar Westkamp nickte. »Ich habe allerdings keine Ahnung, was sie von uns wollten. Zum Glück konnten sich mehrere Kollegen daran erinnern, dass ich mich wie immer im WC-Raum eingeschlossen hatte.«

Anja bedauerte, dass sie nicht mehr in Erfahrung bringen konnte. Auch nicht, als der Kommissar mit dem Dreitagebart und dem Totenkopf im Ohr sie und Oliver befragte. Sie erfuhr lediglich, dass der Dirigent in seinem Auto gestorben war, das musste gewesen sein, kurz bevor sie eingetroffen waren. Davon ging Anja wenigstens aus, weil der Kommissar sie so ausführlich befragte, ob sie jemanden gesehen hatten. Außer der Frau mit den klappernden Schuhen war ihnen aber niemand aufgefallen. Die interessierte den Kommissar allerdings besonders, doch weder Oliver noch Anja fiel mehr als das Klappern ein.

Erst als Anja ihren Mantel an der Garderobe abholte, erinnerte sie sich an die Frau, die durch die Seitentür verschwunden war.

»Wohin geht es dort?«, erkundigte sie sich bei der Frau hinter dem Garderobentisch.

»Das ist der Personaleingang«, antwortete diese. »Die Musiker und das Publikum gehen ausschließlich über die Haupttreppe.«

Anja wandte sich ab. Dann war die Frau, die sie gesehen hatte, sicher eine der Servicekräfte, die in der Konzertpause Kanapees reichen sollten.

Bis zur Abfahrt auf die A 45 schwieg Anja und dachte darüber nach, was sie erlebt hatte.

»Woher kennst du diese Frau Möhring-Westkamp?«, wollte sie von Oliver wissen, nachdem er sich in den Verkehr eingefädelt hatte.

»Sie arbeitet im Unperfekthaus 11«, erzählte Oliver. »Frag mich nicht, was sie genau macht. Wir hatten vor einiger Zeit miteinander zu tun wegen der Nashornskulptur 12 an der B 224 und waren kürzlich beide bei einem Symposium am Baldeney See 13.«

Anja nickte und hing weiter ihren Gedanken nach. Die Frage hatte sie nur mit halbem Interesse gestellt, sie wollte nicht, dass Oliver bemerkte, dass ihr der tote Dirigent weiterhin im Kopf herumspukte.

»Was glaubst du, wer hat den Mann umgebracht?«

Anja schüttelte den Kopf. Da hätte sie sich das Ablenkungsmanöver sparen können, wenn ihr Mann ebenfalls über den Toten nachdachte.

»Ich weiß nicht, der Täter muss sich im Gebüsch versteckt haben oder unter den Besuchern gewesen sein.«

Oliver nickte. »Ich tippe auf Besucher. Wir hätten doch etwas gehört, wenn er sich auf dem Parkplatz verborgen hätte. Da war es doch totenstill bis auf das schiefe Klappern dieser Absätze.«

»Wieso meinst du, dass das Klappern schief klang?« Anja wunderte sich. Sie hatte in der Rückblende nur ein Klappern im Ohr, das sich nicht von anderen unterschied.

»Anja!«, empörte Oliver sich. »Das klang doch völlig anders als dein Klappern oder das der Frau, die vor uns die Treppe hinaufging. Hast du das denn nicht gehört.«

Anja rutschte tief in den Sitz. »Für mich klang das alles gleich.«

»Jedes Klappern ist anders. Die gleichen Schuhe schallen bei unterschiedlichen Frauen verschieden.«

Anja kam aus dem Staunen nicht heraus, als Oliver ihr bis zur Ankunft zu Hause einen Vortrag über die verschiedenen Geräusche von Absätzen im Allgemeinen und Frauenpumps im Besonderen hielt. »Das Klappern, das wir draußen gehört haben, schallte kurz innen nach und war dann erst wieder zu hören, als die Frau des Verstorbenen durch den Konzertsaal rannte.« Er drückte auf den Anlasserknopf seines Autos und stellte den Motor aus, während er Anja anschaute. »Und selbst vor dem Portal und in der Villa klang es leicht unterschiedlich, aber man konnte gut erkennen, dass es die gleiche Person war.«

Anja war noch immer sprachlos. »Kannst du mir mal sagen, woher du das weißt und wieso du das hören kannst und ich nicht?«

Oliver lachte. »Weil ich ein absolutes Gehör habe, mein Schatz.« Er öffnete die Fahrertür. »Du hast wohl vergessen, dass ich Musik studiert habe, was?«

Das hatte Anja tatsächlich nicht bedacht, weil sie Schuhklappern als Letztes mit Musik in Verbindung gebracht hätte.

»Und woher ich so viel über Absätze weiß?« Er lehnte sich auf das Autodach und grinste sie an. »Ich habe dich als Versuchsobjekt. Außerdem haben wir in der Stiftung gerade einen Antrag auf dem Schreibtisch für eine Absatzsinfonie. Orchester mit Damen sozusagen.«

Anja kam aus dem Staunen nicht heraus. Oliver erzählte nicht viel von seiner Arbeit. Nun wusste sie warum. Wer täglich solche verrückten Projekte auf dem Tisch hatte, traute sich kaum, davon zu berichten.

Sie gingen ins Haus und nachdem Anja sich überzeugt hatte, dass Ida friedlich schlief und Tobias mit seinem Freund Hamid weniger friedliche Computerspiele spielte, setzte sie sich auf die Couch und dachte nach.

»Was haben die Westkamps dir erzählt, ehe ich dazu kam?«, fragte sie Oliver, während sie sich an ihn schmiegte.

»Ach, Orchesterklatsch, ähnlich wie der über die Frau des Dirigenten und den jungen Geiger. Anscheinend hatte auch der Maestro eine Geliebte. Eine junge

Violinistin, die er ins Orchester einbinden wollte.« Er nahm einen Schluck aus seinem Weinglas und schaltete mit der anderen Hand den Fernseher ein. »Sie sollte, wenn ich das richtig verstanden habe, entweder den Platz des Konzertmeisters oder des jungen Geigers einnehmen.«

»Wusste er, dass seine Frau ein Verhältnis mit dem Geiger hatte?« Anjas Müdigkeit war mit einem Mal verflogen. Dieser Felix Baumann hätte auf jeden Fall ein Motiv. Sicher hätte er gehen müssen, wenn der Maestro von der Liaison mit seiner Frau wusste. Was noch gegen ihn sprach: Er war deutlich zu spät auf die Bühne gekommen.

»Ich muss mir die Fotos anschauen«, sagte sie und nahm Olivers Arm von ihrer Schulter. »Wenn der Geiger Schuhe mit hohen Absätzen trug, könnte er der Täter gewesen sein.«

»Dafür musst du nicht in deine Fotos schauen«, meinte Oliver und zog sie zurück. »Das kann ich dir auch so sagen. Er hatte flache Sportschuhe an. Ich habe mich nämlich gewundert, dass er mit solchen Schuhen auf die Bühne kam.« Er lachte und küsste Anja. »Als die Westkamps von der Vorbereitung erzählten, dachte ich mir, vielleicht hatte er keine Zeit mehr, die richtigen Schuhe zu suchen.«

Anja schob ihn von sich. »Lass mich trotzdem kurz in die Fotos gucken.«

Gemeinsam betrachteten sie die Aufnahmen. Die einzige Erkenntnis, die sie daraus gewannen, war die, dass um den Hals des Toten ein dünnes Band gespannt war, das hinter der Kopfstütze des Fahrersitzes verknotet war.

»Sieht aus wie eine ganz dünne Wäscheleine«, fand Anja.

»Ich würde eher sagen wie eine Saite von einem Streich- oder Zupfinstrument«, widersprach Oliver.

»Deshalb haben die zuerst mit den Streichern gesprochen«, murmelte Anja. Und deswegen war der Kontrabassspieler so nervös, weil er kein Alibi hatte.

»Wo bewahren Musiker eigentlich ihre Saiten auf?«, ging ihr durch den Kopf.

»Die Ersatzsaiten sind meist im Koffer. Manche stecken noch welche in die Hosentasche vor dem Auftritt. Aus Aberglaube. Wie manche einen Schirm mitnehmen, damit es nicht regnet.«

»Und wo stehen die Koffer?«

Oliver stöhnte. »Du stellst Fragen. Da, wo jeder seinen hinstellt. Es gibt ordentliche Menschen«, er zeigte auf sein Weinglas, das mitten auf dem Plastikuntersetzer stand, den Ida gebastelt hatte, »und unordentliche Menschen.«

Rasch schob Anja ihr Glas ebenfalls auf den Plastikuntersetzer. Für sie war nur noch zu klären, ob der Geiger oder die Frau des Toten die Tat begangen hatten.

»Bist du zufällig mal die schmale Wendeltreppe raufgegangen?«, fragte sie ihren Mann.

Oliver nickte. »Wir hatten einige Veranstaltungen dort, aber wohin genau die Wendeltreppe führt, kann ich nicht sagen. Außer, dass sie nach oben führt.«

Anja verdrehte die Augen und stupste ihn in die Seite.

»Auf die Idee wäre ich von allein gekommen!« Sie war sich inzwischen sicher, dass es die Frau des Dirigenten war, die vor ihnen in die Villa gegangen und über die Wendeltreppe verschwunden war. Wenn sie den Nebenweg statt der Haupttreppe genommen hatte, hatte das doch nur zu bedeuten, dass sie nicht wollte, dass man sah, wie spät sie kam. Und sie war sehr spät gekommen. Die Veranstaltung hatte fast begonnen.

Wenn Anja nur herausbekommen hätte, ob jemand den Geiger hinter der Bühne gesehen hatte? Da waren einige Musiker, einer hatte sicher beobachtet, was dieser Felix Baumann gemacht hatte.

»Oliver«, schmeichelte sie ihrem Mann und schaute ihn mit dem Blick an, den Ida einsetzte, wenn sie etwas von ihnen wollte. Ehe ihr Mann reagieren konnte, klingelte das Telefon.

»Henke«, meldete sich Oliver.

Anja sah, wie seine Augen immer größer wurden. Er sagte nur hin und wieder »Nein!« und »Das gibt's doch nicht!« und ließ nach einer Zeit, die Anja wie eine Ewigkeit vorkam, den Hörer sinken.

»Das war Simone. Der Konzertmeister hat sie gerade angerufen. Die Polizei hat …«

Weiter kam Oliver nicht, weil Ida mit ihrem Schlafbären in der Tür stand.

Anja beeilte sich, sie wieder ins Bett zu bringen.

»Nun sag schon, was hat die Polizei?«, drängte sie nach ihrer Rückkehr.

»Sie hat die Witwe verhaftet. Einer der Trompeter hat Felix Baumann zur Tatzeit hinter der Bühne gesprochen.

Sie hatten einen kleinen Streit, weil er den Geiger aufgezogen hat, dass seine individuelle Einstimmung durch Madame anscheinend kürzer ausgefallen wäre. Darauf hat Felix Baumann so aggressiv reagiert, dass einer ihn weggerissen hat. Dabei hat er Nasenbluten bekommen. Deshalb kam er so spät auf die Bühne. Die Fingerabdrücke der Witwe wurden auf dem Koffer des Kontrabassspielers sichergestellt. Dort hat die Polizei als Erstes gesucht, weil einer der Beamten die Saite erkannt hat.« Er zog Anja zu sich heran. »Da siehst du mal, wie gut es ist, wenn man musikalisch begabt ist.«

Anja lachte. »Ich war zu dem gleichen Ergebnis gekommen. Auch ohne Fingerabdrücke und musikalisches Talent. Da siehst du mal, wie gut es ist, wenn man detektivisch begabt ist.«

1 Die Villa Hügel, das frühere Wohnhaus der Familie Krupp in Essen, und der zugehörige Park laden zum Ausflug in die Natur sowie die Architektur- und Industriegeschichte ein.

2 Mitten in Essen strahlt das Essener Münster seine Kraft und Ruhe aus, nicht der einzige Grund, der Besucher in die Bischofskirche zieht. Viele lockt neben der Architektur und Geschichte vor allem der Domschatz.

3 Wer sich auf den Weg macht, die Schatzkammer in der Abtei Essener Stadtteil Werden zu besuchen, sollte unbedingt nach dem Kräuter- und Heilpflanzengarten Ausschau halten, in dem so manche Kräuterschätze zu finden sind.

4 Mit dem Folkwang Museum beherbergt die Stadt Essen eines der renommiertesten Kunstmuseen nicht nur im Ruhrgebiet. Es wartet mit immer neuen und interessanten Ausstellungen rund um die eigene Sammlung auf.

5 Wer Filme mag, sollte im Essener Süden das Filmstudio Glückauf besuchen, das mit einer Fassade aus den 20er-Jahren und dem Interieur aus den 50er-Jahren zu einer Zeitreise einlädt.

6 Wer wissen möchte, wie Frauen vor gut 200 Jahren die Geschichte mitbestimmt haben, sollte die Dauerausstellung im Schloss Borbeck über die Fürstäbtissinnen auf keinen Fall auslassen.

7 Dass Geschichte des Ruhrgebiets mehr ist als Kohle und Stahl, dafür steht Schloss Hugenpoet, ein unter Denkmalschutz stehendes dreiteiliges Wasserschloss, das nicht nur Fotografen bezaubert.

8 Vor gut 100 Jahren initiierte Margarethe Krupp die Margarethenhöhe in Essen als Wohnsiedlung für Arbeiter, zweckmäßig und dennoch schön, wovon die erhaltenen Häuser und die Museumswohnung Zeugnis sind.

9 Die Alte Synagoge in Essen, die vor 100 Jahren erbaut wurde, überstand wie durch ein Wunder die Angriffe der Nazis in der Reichspogromnacht 1938 und den Krieg nahezu unversehrt. Heute versteht sie sich mit einem reichhaltigen Veranstaltungsprogramm als lebendigen Kulturort.

10 Zum Pflichtprogramm eines Ausflugs ins Ruhrgebiet gehört der Besuch der schönsten Zeche der Welt: UNESCO-Welterbe Zeche Zollverein. Auf dem früheren Zechengelände warten Natur und Kultur, Architektur und Industriegeschichte und vieles mehr.

11 Einen besonderen Ort der Kultur darf man im Ruhrgebiet nicht auslassen, das Unperfekthaus. Hier tummeln sich Künstler und Geschäftsleute, große und kleine Bürger und genießen es im perfekten Ambiente auch mal nicht perfekt zu sein.

12 An der B 224, fast versteckt am Straßenrand, beobachtet die Nashornskulptur des Künstlers Johannes Brus die Autos und freut sich auf freundlichen Besuch.

13 Ein Ausflugsmagnet im Ruhrgebiet ist der Baldeney See, einer der ältesten Ruhrstauseen und ein Freizeitgebiet mit Yachthafen und Spazierwegen, Schifffahrt, Kultur und mehr.

BOCHUM – CINDERELLA

»Was schleppst du denn da an?« Hannes Haarmann sah seinen Hund verwundert an. In seiner Aufregung verfiel er wieder in den Ruhrpottslang, den er sich auf dem Weg vom Bergmann zum Detektiv abgewöhnt hatte. Er hatte sich vom Amt extra eine Weiterbildung zum Detektiv bezahlen lassen, damals, als die Zeche hatte schließen müssen. Seitdem konnte er alles, sogar Hochdeutsch, wenn er im Eisenbahnmuseum **14** seine Führungen abhielt. Nur wenn er sich besonders ärgerte oder aufregte, kam der Ruhrie in ihm durch.

»Aus, Theo!«, rief er und fragte sich, wie man einen Hund Theo nennen konnte. Eigentlich Theodor, ein Präsidentenname für einen Polizeihund, hatte der Vorbesitzer ihm stolz erzählt.

Theo spielte mit einem Schuh, den er aus dem Unterholz hervorgezerrt hatte.

Hannes wusste gleich, dass niemand einen solchen Schuh versehentlich am Rand des Ümminger Sees **15** verlor. Entweder hatte Theo ein Liebespaar aufgestöbert. Oder? Hannes' Detektivherz schlug höher, als er an die Alternative dachte. Er zeigte auf den roten Schuh mit den Strasssteinen, an dem Theo hingebungsvoll nagte, und rief streng: »Such!«

Theo wusste, was er zu tun hatte. Er mochte ein Polizeihund in Pension sein, aber auf manche Befehle reagierte er noch immer. Deshalb hatte Hannes ihn auch übernommen, als Theos Hundeführer ihn aus Krankheitsgründen hatte abgeben müssen.

Hannes beeilte sich, Theo zu folgen, der am Rand des Weges stand und auffordernd zweimal kurz bellte.

Etwas Rotes schimmerte durch die Blätter. Der zweite Schuh. Die Frau, die dort in den Büschen lag, brauchte den Schuh nicht anzuprobieren. Hannes ahnte, dass er passen würde, aber auch, dass dieser Frau kein Prinz mehr helfen konnte. Er musste die Polizei rufen.

Musste er? Von einer solchen Chance träumte er, seit er nach Schließung seiner Zeche Ewald **16** in Herten auf Detektiv umgesattelt hatte. Die musste er nutzen. Er wusste, er durfte nichts anfassen, aber anschauen konnte ihm keiner verbieten.

Er suchte mit den Augen den Fundort der Leiche und die Umgebung ab. In der Nähe entdeckte er ein Smartphone. Er zögerte, dann steckte er es in die Jackentasche und rief von seinem eigenen Handy die Polizei an.

»Ich warte auf Sie«, verabschiedete er sich und schob das kleine Telefon in die Hosentasche. In einem großen Bogen ging er um die Leiche herum. »Die sieht wirklich aus wie Aschenputtel.« Als ob sein Hund ihn verstehen würde, zeigte Hannes ihm die rußigen Flecken im Gesicht und an den Armen.

Ein Sonnenstrahl kämpfte sich durch die Wolken, etwas blitzte auf. In der Nähe der Leiche.

Hannes konnte das Blaulicht des Polizeiwagens schon sehen, schnell bückte er sich, um den halben Ring aufzuheben, der das Sonnenlicht reflektiert hatte.

Er betrachtete ihn. »Jörg«, las er. Mehr war nicht zu erkennen. Es sah aus, als hätte jemand den Ring mit einem Bolzenschneider durchtrennt.

»Ich hoffe, Sie haben nichts angefasst!«, riss eine Frauenstimme Hannes aus seinen Gedanken.

Er schob die rechte Hand in die Tasche, um den Ring verschwinden zu lassen und bemühte sich um einen erschütterten Gesichtsausdruck. Das wirkte.

Die Polizistin interpretierte seinen Blick als Fassungslosigkeit, redete beruhigend auf ihn ein und führte ihn zu einem Einsatzwagen. Weit weg von der jungen Frau mit dem roten Schuh. Und den langen blonden Haaren.

Cinderella, dachte Hannes auf dem Weg zu einem Freund, der in der Nähe des Stadtparks **17** wohnte.

Gedankenverloren kurvte er durch den Stadtteil und ärgerte sich darüber, dass er wieder einmal keinen Parkplatz am Tierpark **18** fand.

»Da gibt es bestimmt wieder einen kleinen Seehund oder ein Vogelbaby zu sehen«, schimpfte er leise und fuhr eine weitere Runde. Zornig stellte er sein Auto im Halteverbot in der Nähe des Kunstmuseums **19** ab. »Ist Herbert denn schon wieder da, um eine Ausstellung zu eröffnen?«, brummte er und erinnerte sich an die völlig überfüllte Vernissage, bei der Herbert Grönemeyer auf Krücken seine Einführungsrede gehalten hatte.

Fast hätte er darüber Cinderella vergessen. Was hatte sie am Ümminger See verloren und warum war sie dort gestorben? Ausgerechnet an einem seiner Lieblingsplätze in Bochum, der kleinen Anhöhe mit Blick auf den Ümminger See. Er würde nie wieder unbeschwert dort oben stehen und den Sonnenuntergang beobachten können. Vielleicht musste er zukünftig doch auf die Halde Hohewart 20 ausweichen, auch wenn der Weg dann weiter war.

»Verdammte Hacke«, fluchte Hannes Haarmann, als er am nächsten Morgen die Zeitung aufschlug.

Theo bellte einmal, als wollte er sagen: ›Selbst schuld, hättest du auf mich gehört, aber du musstest ja unbedingt bei Else Kowalski an der Trinkhalle ein Bier trinken. Und noch ein Bier und noch ein Bier.‹

Nicht die fünf Bierchen waren es, die Hannes dazu gebracht hatten – nach dem Spaziergang am See und dem Abstecher in Elses Trinkhalle nicht weit von der Zechensiedlung Am Rübenkamp 21 – direkt ins Bett zu gehen. Zu jedem Bierchen hatte es einen Klaren gegeben.

»Ich bin doch der letzte Hornochse«, tobte Hannes und schlug auf die Zeitung ein. Das wäre seine Chance gewesen und was hatte er getan: Saufen!

Er strich die Zeitung wieder glatt, um den Aufmacher noch einmal zu lesen: ›Leichenfund am Ümminger See. Die 32-jährige Anne P. wurde in der Nähe des Ümminger Sees tot aufgefunden. Der pensionierte Bergmann und Hobbydetektiv Hannes H. fand die junge Frau. Dank seiner Umsicht entdeckte die Polizei genug Spuren, um bald darauf die ersten Verdächtigen festzunehmen.‹

Hannes musste sich zurückhalten, um das Blatt nicht in Fetzen zu reißen. Wie konnten die bereits jemanden festnehmen, wenn er doch Ring und Handy hatte mitgehen lassen. Hatte er Spuren übersehen?

Theo schlich sich in den Flur und blieb vor Hannes' Jacke stehen. Er bellte auffordernd.

»Wir gehen jetzt nicht raus!«, knurrte Hannes, stand auf und öffnete die Kühlschranktür.

Theo ließ sich nicht abwimmeln, er bellte schon wieder.

»Nich mal 'n Bier im Haus«, schimpfte Hannes und knallte die Kühlschranktür zu. »Wat willze denn, blöde Töle!«, brüllte er, ging aber doch in den Flur, um Theo zu beruhigen. Der stand weiterhin vor seiner Jacke und bellte sie an.

»Ich bin so blöd!« Hannes griff in die Jackentasche und holte das Smartphone der Toten heraus. Er grinste. »Genau, ich habe keine Spuren verwischt«, murmelte er und öffnete den Mitteilungsspeicher des kleinen Telefons.

»Na, wer sagt's denn!«, sagte er mit einem breiten Grinsen und strich Theo über den Rücken. »Lass die Finger von Luisa oder ich spiel dir das Lied vom Tod!«, las er auf dem Display und pfiff leise. »Das ist ja interessant.« Er sah in die Zeitung.

»Die Spuren führten die Polizei direkt in das Unternehmen, bei dem Anne P. als Saniererin tätig war. Weißt du, was 'ne Saniererin ist?« Hannes sah Theo fragend an. Er stand auf und holte sein Laptop. »Hm, das hört sich nicht gut an«, murmelte er wenig später. Theo blickte ihn an, als wartete er auf die Antwort.

»Mal für Hunde«, begann Hannes, »eine Saniererin schmeißt Leute raus, um Geld zu sparen. Und die Polizei denkt jetzt, diese Leute hätten unsere Cinderella um die Ecke gebracht.«

Hannes starrte von der Zeitung auf das Smartphone. »Aber was soll dann die Nachricht?«

Suchend schaute er sich in der Küche um. Wo hatte er sein Telefon vergraben. Unter der Zeitung vor seiner Nase, das war ja klar. Der Tag fing wirklich gut an. Obwohl: Richtig schlecht war er auch nicht, die Typen von der Zeitung hatten den Namen der Firma, in der Cinderella gearbeitet hatte, veröffentlicht.

Ein paar Klicks auf seinem Laptop später wählte er die Telefonnummer und säuselte: »Guten Tag, Haarmann hier, ich hätte gerne Luisa gesprochen.«

Nur das Mahlen von Theos Zähnen war zu hören. »Ach so«, sagte Hannes, »dann rufe ich sie zu Hause an. Äh, können wir kurz die Telefonnummern abgleichen.«

Hannes war überrascht, dass sein Trick wieder einmal gelang. Er nannte irgendeine Telefonnummer und bekam dafür die richtige, die er in Bochums Telefonbuch sonst niemals gefunden hätte. Eine Rückwärtssuche im Internet würde ihm mit ein wenig Glück ihre Adresse verraten. Rasch notierte er die Nummer und dazu den Familiennamen Luisas, den die Empfangsdame genannt hatte. Luisa Maurer.

Hannes gab die Telefonnummer der unbekannten Luisa in das Suchfeld der Telefonauskunft ein. Sein »Bingo« wurde von einem schwachen »Wuff« des Hundes kommentiert. »Wer sagt es denn, die Adresse der Dame Luisa hab ich schon mal. Da müssen wir hin! Da können wir gleich im Botanischen Garten 22 nachgucken, ob die Frösche noch da sind.«

Als hätte der Hund ihn verstanden, lief er in den Flur

und bellte einmal. Ob es die Frösche in dem Teich im Botanischen Garten oder einfach nur die Aussicht auf Auslauf war, wusste Hannes Haarmann nicht. Vermutlich war Theo beides egal. Hauptsache raus!

»Warte mal!«, rief Hannes. Er sah sich den Eingang des Smartphones an und grinste. »Wenigstens hatte Cinderella die neueste Technik.«

Mit einem Griff zog er ein Universalkabel für Smartphones aus der Schublade. »In den alten Filmen haben die Detektive immer einen Dietrich, heute braucht man Kabel«, murmelte er, während er das Smartphone mit seinem Laptop verband und sämtliche Daten auf seine Festplatte zog.

»Nun können wir«, sagte er zufrieden und leinte seinen Hund an. »Wir machen einen kleinen Besuch bei deinem früheren Arbeitgeber.«

Vor der Tür schwankte Hannes, ob er zuerst Luisa aufsuchen oder zur Polizei fahren sollte. Er entschied sich für die Polizei, ehe die Beamten auf die Idee kamen, nach dem Handy zu suchen, und bei ihm vor der Tür standen.

Wenige Autominuten später betrat er die noch immer neu riechende Polizeidienststelle an der Unistraße. Besser gesagt: Theo zog ihn in das Gebäude, als wollte er seine alten Kollegen besuchen.

»Das ist doch unser Theo«, säuselte eine Polizistin, als sie das Gebäude betraten. Theo bellte zufrieden, als sie ihm über den Rücken strich.

»Kann ich etwas für Sie tun?«, erkundigte sich die Frau bei Hannes Haarmann.

»Ich möchte den Ermittler im Fall Anne P. sprechen«, sagte Hannes schnell.

»Hier entlang«, bat die Frau und zeigte in einen langen Flur, von dem rechts und links blaue Türen abgingen. »Da vorne rechts«, rief sie ihm nach und verschwand, um wenig später mit einer Scheibe Wurst für Theo wieder aufzutauchen.

Hannes Haarmann stand unschlüssig, welche Tür gemeint war, im Flur und war froh, als die Frau die Initiative ergriff.

»Besuch für euch.« Mit diesen Worten schob sie Hannes Haarmann in das Büro des ermittelnden Kommissars. Der Kommissarin besser gesagt. Er erkannte die Frau vom See wieder. Sie telefonierte. Hannes versuchte gleichzeitig, sich unsichtbar zu machen und zu verstehen, was sie sagte.

Anscheinend hatten sie Cinderellas Kollegen nach Hause schicken müssen. Der Ring fiel ihm ein. Den hätte er auch mitbringen sollen. Aber sicher hatte die Spurensicherung die andere Hälfte gefunden und war schon damit beschäftigt, sie auszuwerten.

»Ja?«

Hannes zuckte zusammen, als die Frau ihn ansprach. »Hannes Haarmann«, sagte er. »Wir kennen uns. Ich habe die Leiche am See gefunden.« Seinen Beruf erwähnte er sicherheitshalber nicht. Er kannte die Vorbehalte der Polizei Privatdetektiven gegenüber. »Das habe ich gestern wohl in Gedanken eingesteckt«, murmelte er und versuchte, möglichst schuldbewusst zu klingen. Er legte der Frau das Smartphone der Toten auf den Tisch und versuchte dabei einen Blick auf die Unterlagen zu erhaschen, die dort ausgebreitet lagen.

Die Kommissarin schien Gedanken lesen zu können. Sie rollte mit ihrem Stuhl neben den Tisch und verdeckte mit der hohen Rückenlehne die Papiere.

»Schön, dass Sie gekommen sind. Wir brauchen ohnehin ein Protokoll von Ihrer Aussage«, sagte sie und rief: »Paul, nimm mal die Aussage auf.« Die Polizistin verabschiedete Hannes, ehe er etwas über den Fall oder auch nur ihren Namen erfahren hatte.

Verärgert über sich selbst und die Polizei stand er 20 Minuten später vor der Tür der Polizeiwache. Er hatte nichts erfahren. Wie ein Anfänger! Wütend schob er Theo in die Hundebox auf der Rückbank und fuhr zu der Adresse, unter der Luisa Maurer gemeldet war.

Schon von Weitem sah Hannes, dass das Haus in der Nähe des Uni-Center **23**, in dem Theo so gerne spazieren ging, mindestens zehn Stockwerke hatte. Das hieß mindestens 20 Mietparteien und mindestens 20 Klingelschilder. Doch dann pfiff er überrascht, als er auf einem der Schilder den Vornamen ›Jörg‹ las. Ob das ein Zufall war?

»Das ist 'n Ding, was, Theo!« Hannes sah seinen Hund an, als könnte der ihm zustimmen. Neben Jörgs Namen klebte ein Zettel, auf dem ein weiterer Name gestanden hatte. Der Regen hatte dafür gesorgt, dass er nicht zu lesen war. »Kommt Zeit, kommt Rat«, murmelte Hannes und klingelte erst einmal bei Luisa Maurer, die tatsächlich öffnete, als er sich als Paketbote ausgab.

»Ja, bitte?«, herrschte die Frau Hannes an. Ihre Augen waren klein und ihre Haare standen ab, als wäre sie gerade erst aufgestanden. Das T-Shirt, das sie trug, konnte durchaus als Nachthemd durchgehen.

»Ich ermittle in dem Mordfall Anne P.«, warf Hannes mutig in den Raum. »Das ist Theo, ein Polizeihund.«

Theo bellte zustimmend und sorgte dafür, dass Luisa nicht weiterfragte, sondern gleich zeterte: »Die Ziege hat doch nur gekricht, wat se verdient.«

Hannes ließ sie reden und erfuhr, dass Luisa zu jenen Mitarbeitern gehörte, denen Anne P. gekündigt hatte.

»Mein Freund is fast ausgeflippt. Ausgerechnet mich hat diese Tusse geschasst. Nach dem, wat er allet für die getan hat«, fuhr Luisa Maurer. »Als ob sich allet gegen uns verschworen hat, erst der Rausschmiss, dann bin ich mit Jörgs Karre liegen geblieben. Maschine kaputt. Bei den Grummer Teichen **24**. Viel Wasser, viel Wald, keine Hilfe.«

Hannes horchte auf. »Ihr Freund heißt Jörg?«, erkundigte er sich und versuchte zu klingen, als wäre die Antwort nicht wichtig.

»Mein Verlobter«, schnaubte die Frau. Sie besann sich und sah Hannes misstrauisch an. »Aber dat hab ich doch Ihrer Kollegin schon erzählt. Hat die Polizei nichts Besseres zu tun, als gleich zwei Mann zu schicken?«

Hannes gelang es, sich mit einer Notlüge aus der Affäre zu ziehen. Auf weitere Fragen verzichtete er lieber. Immerhin wusste er nun, dass mit dem Freund von Luisa nicht gut Kirschen essen war und dass sein Name Jörg war. Der gleiche Name, der auch in den halben Ring eingraviert war, der neben Cinderella gelegen hatte.

Luisa Maurer schob Theo und Hannes mit der Tür aus der Wohnung. Im letzten Moment sah Hannes ihre Hände. Am rechten Ringfinger hatte sie einen helleren Streifen, dort hatte im letzten Sommer sicher noch ein Ring gesessen.

Als Hannes in den Aufzug steigen wollte, kam ihm ein Mann Mitte 30 entgegen, der anscheinend mit dem Fahrrad unterwegs gewesen war. Hannes grinste, während dieser sich bückte, um die Hosenspangen zu entfernen. Sie gaben einen klirrenden Ton von sich, als sie an den schmalen Ring stießen, der Hannes Neugier weckte. Er sah genauso aus wie der halbe Ring, den er am See neben der Leiche gefunden hatte.

Der Mann steckte die Hosenspangen ein, zog einen Schlüssel aus der Tasche und ging auf die Tür neben Luisas Wohnung zu, an der Hannes den Namen ›Jörg Leyendecker‹ erkennen konnte. Er wartete, bis der Mann die Tür einen Spalt breit geöffnet hatte, und wollte ihn schon ansprechen, da fiel ihm der kleine weiße Aufkleber unter der Klingel auf. ›Anne Petzelt‹, las er. Ob das Cinderella war? Rasch änderte er seine Taktik.

»Guten Abend, ist Anne zu Hause?«, erkundigte er sich und gab sich als Annes Onkel aus. »Sie hat mich gebeten vorbeizukommen, um mir eine kaputte Lampe anzuschauen.«

Der Mann sah ihn überrascht an. »Warum sollten Sie meine Lampen reparieren? Anne hat nichts davon gesagt.« Er schüttelte den Kopf. »Aber das ist jetzt auch egal. Wissen Sie denn nicht, dass sie tot ist?« Er öffnete die Tür und verschwand mit einem Murmeln, von dem Hannes nur »Glück« und »Mieterin« verstand, im Inneren der Wohnung. Ehe Jörg Leyendecker die Tür schließen konnte, leinte Hannes Theo ab und schob ihn in die Wohnung. Gleichzeitig rief er: »Theo, komm zurück!«

Während er so tat, als suchte er Theo, scannte er die Wohnung. Am Ende des Flurs befand sich eine Tür mit der Aufschrift ›Gästezimmer‹.

Jörg Leyendecker sah Theo, der ihn überholt hatte, und drehte sich um. »Wenn Sie schon da sind, können Sie auch gleich Annes Zimmer räumen. Dann kann ich es wieder vermieten. Aber nie wieder an eine Kollegin, das sage ich Ihnen. Ärger in der Firma und meine Verlobte zickt auch rum, seit Anne hier wohnt.«

Hannes horchte auf. Er konnte sich zwar noch keinen Reim auf die ganze Geschichte machen, aber irgendwie musste alles zusammenhängen. Solche Zufälle gab es im Leben nicht, eine Tote, die bei einem Jörg lebte, dessen Verlobte nebenan wohnte und dank der Toten ihren Job verloren hatte. Nicht zu vergessen den Ring mit der Inschrift. Was er jetzt brauchte, waren ein Pilsken und ein Korn und das Geplapper von Else und ihren Gästen. Auf dem Weg dorthin konnte er schnell noch prüfen, wie weit die Restaurierung der alten Wandmalereien in der Dorfkirche **25** gediehen war. Er pfiff Theo und verschwand, ehe Jörg Leyendecker auffiel, dass er nichts aus Annes Zimmer anrührte und plötzlich keinerlei Interesse mehr an seiner vermeintlichen Nichte hatte.

Keine Stunde später saß Hannes vor seinem Pils mit Korn, während Theo neben ihm aus dem Wassernapf trank, der immer für ihn bereitstand.

»Gib mir mal 'n paar Bierdeckel«, bat Hannes die Wirtin von Elses Trinkhalle, die nicht lange fragte, sondern einen Stapel Bierfilze vor ihm aufhäufte.

Hannes griff hinter die Theke und zog einen Stift hervor, als wäre er hier zu Hause. War er ja auch irgendwie. Abends zumindest und manchmal auch mittags.

»Cinderella«, schrieb er auf den ersten Bierdeckel und malte ein liegendes Strichmännchen unter den Namen.

»Wat wird dat denn?«, erkundigte sich Else. »Malze Figuren für dat Figurentheater-Festiwall 26?«

Hannes schüttelte den Kopf. »Jörg«, schrieb er auf den nächsten Bierdeckel und malte ein Strichmännchen mit einem Fahrrad dazu.

Auf den letzten Bierdeckel zeichnete er ein Strichmännchen mit abstehenden Haaren für Luisa Maurer.

»Das ist wie ein Domino«, brummte er. »Cinderella und Luisa arbeiten in derselben Firma, Luisa und Jörg sind oder waren verlobt, Jörg und Cinderella wohnen in einer Wohnung.«

Er zog den halben Ring aus der Tasche und legte ihn auf Jörgs Bierdeckel.

»Was wird das denn?«, erkundigte sich Else und nahm den Ring, um ihn genauer zu betrachten. »Jörg«, sagte sie und lachte Hannes an. »Du wars wohl noch nie verheiratet, wat?«

»Nö«, knurrte Hannes. »Alles nur Stress. Allein ist es doch am schönsten.«

»Welche der Frauen gehört denn zu deinem Jörg?«, erkundigte sich Else.

Hannes sah sie überrascht an. »Wieso willst du das wissen, kennst du die? Verlobt war er mit Luisa«, antwortete Hannes. Ehe er seinen Satz beenden und erklären konnte, dass Cinderella bei Jörg wohnte, legte Else den halben Ring schon auf Luisas Bierdeckel. »Dann gehört der da hin!«, stellte sie fest und widmete sich wieder ihrer Bierzapfanlage, um Nachschub für Hannes zu besorgen.

»Ich hirnverbrannter Idiot!« Hannes schlug sich mit der Hand vor den Kopf, Theo sah erschrocken auf und bellte.

»Wie blöd kann man denn sein! Luisa war's!«

Er nestelte hastig sein Telefon aus der Tasche und wählte die Rufnummer der Polizei. Es kam ihm wie eine Ewigkeit vor, bis er endlich mit der Kommissarin verbunden wurde. Wenigstens hörte sie ihm dann zu: »Luisa Maurer ist die Täterin!«, sagte er so laut, dass alle Gäste in Elses Trinkhalle neugierig die Köpfe zu ihm drehten.

Er kletterte von seinem Hocker und verschwand nach draußen, ehe er weitersprach: »Ich bin ganz sicher. Cinderella«, er stockte, »äh, die Tote war verantwortlich für die Kündigung von Frau Maurer und sie wohnte auch noch bei Frau Maurers Verlobtem. Ich bin ganz sicher, dass sie Cinderella, äh, Anne P. ermordet hat. Die Rußflecken im Gesicht kommen von dem kaputten Auto. Hundert Pro!«, fügte er hinzu, um zu zeigen, dass er keinen Widerspruch duldete. Dann schwieg er und sagte wenig später etwas kleinlaut: »Könnten Sie mich abholen? Ich habe schon zwei Bier und zwei Korn.« Das Lachen am anderen Ende der Leitung störte ihn nicht mehr. Er war glücklich, weil er der Polizei den entscheidenden Tipp gegeben hatte.

Am nächsten Tag lagen gleich mehrere Zeitungen in Elses Trinkhalle, als er sich dort zu einem Morgenkaffee einfand.

»Lies mal!«, forderte Else ihn ungeduldig auf.

»Kanzlerin in der Jahrhunderthalle **27**«, las Hannes. »Ja und? Anschlag auf Spargelmuseum **28** in Herten. Meinst du das?«

Else verdrehte die Augen. »Genau und weiche Knie auf der Brücke **29** in Dahlhausen. Weiter unten, Mensch!«, »Privatermittler hilft der Polizei auf die Sprünge«, stand da. Hannes sah noch einmal hin und lehnte sich zufrieden zurück.

»Und von mir kein Wort«, meckerte Else, während sie ihm eine Tasse Kaffee und ein Mettbrötchen hinstellte. »Dabei habe ich dir den entscheidenden Tipp gegeben. Dafür habe ich echt eine Belohnung verdient.« Sie sah Hannes an. »Eine Fahrt auf der Schwalbe **30** zum Beispiel oder einen Besuch auf der Cranger Kirmes **31**.«

Hannes tätschelte ihren Arm. »Stimmt, Watson, aber du kennst das ja, in der Zeitung wird immer nur über Sherlock Holmes berichtet.«

14 Große und kleine Eisenbahnfans kommen im Eisenbahnmuseum in Bochum-Dahlhausen auf ihre Kosten. Hier können sie historische Original-Lokomotiven und -Waggons betrachten, betreten und an den Museumstagen sogar damit fahren.

15 Im Bochumer Stadtteil Langendreer liegt der Ümminger See, angebunden an ein Fahrradnetz eignet er sich als Pause bei einer Radtour. Doch auch eine Umrundung zu Fuß, die je nach Gehtempo und Route zwischen 20 und 40 Minuten beträgt, bietet Erholung pur.

16 Natürlich gibt es auch in Bochum ein monatefüllendes Unterhaltungsprogramm. Aber es lohnt sich auch ein Sprung über die Stadtgrenze. Die Zeche Ewald hat sich von der Zeche zum Kulturort mit Travestie-Programm und Gastronomie gewandelt.

17 Der Stadtpark in Bochum bietet für jeden Entspannungsgeschmack etwas, Bänke und Wiesen, Wasser und Bäume, sogar ein Minigolfplatz steht zur Verfügung.

18 Am Rand des Stadtparks befindet sich in Bochum der 1933 eröffnete Tierpark, in dem sich heute immerhin rund 350 Tierarten tummeln und täglich noch mehr große und kleine Besucher.

19 In dem Kunstmuseum, das sich in einer Villa aus dem Jahr 1900 befindet, finden wechselnde Ausstellungen statt, und es ist durchaus möglich, dass man dort auf Herbert Grönemeyer als Laudator trifft.

20 Was wie ein kleiner Berg aussieht, ist im Ruhrgebiet oft aus Zechenschüttungen entstanden wie die Halde Hohewart, die heute ein beliebtes Ausflugsziel ist, weil sie Natur mit Ruhrgeschichte verbindet, man den Blick schweifen lassen und vor allem die riesige Sonnenuhr bestaunen kann.

21 Die Zechensiedlung Am Rübenkamp dokumentiert die Wohngeschichte des Ruhrgebietes. Die drei Häuser zeigen, wie Zechenarbeiter in der ersten Hälfte des letzten Jahrhunderts gelebt haben.

22 Der Botanische Garten der Ruhr-Universität mit seinen riesigen Beetanlagen, den Gewächshäusern und dem Chinesischen Garten lädt zum Staunen, Schlendern und Verweilen ein und ist ein Paradies für Pflanzenfans und Fotografen.

23 Vom Uni-Center sind es nur wenige Schritte über die Brücke bis zu einer Kunstsammlung, die selbst viele Bochumer nicht kennen, der Kunstsammlung der Ruhr-Uni, die von Vasen und Schalen aus der Antike bis zu Kunstwerken der Moderne reicht.

24 Naturfreunde kommen in Bochum auch bei einem Spaziergang bei den sieben Grummer Teichen auf ihre Kosten.

25 Ein wahres Kleinod ist die über tausend Jahre alte Dorfkirche in Bochum-Stiepel, in der noch heute Wandmalereien aus dem Mittelalter zu sehen sind.

26 Kulturinteressierte können über Langeweile in Bochum nicht klagen, neben dem Schauspielhaus gibt es mehrere kleine Theater und einmal im Jahr das Figurentheater-Festival – Puppentheater für Groß und Klein, das die Herzen aller höher schlagen lässt.

27 Die Jahrhunderthalle hat sich von einer Gaskraftzentrale zum kulturellen Zentrum gemausert. Mit einem vielfältigen Event- und Kulturprogramm lockt sie Besucher weit über Bochum hinaus.

28 Mitten im Spargeldorf Scherlebeck in Herten erzählt das Vestische Spargelmuseum die Geschichte und Besonderheit des »Königsgemüses«, wie der Spargel auch genannt wird.

29 Die Pontonbrücke, die von Dahlhausen nach Hattingen und Essen führt, ist eine der wenigen ihrer Art, die heute noch genutzt wird.

30 Ein besonderes Highlight bei einem Besuch in Bochum oder Witten ist die zweistündige Fahrt mit der MS Kemnade auf der Ruhr. Sie führt vom Freizeitbad Heveney durch die Schleuse an der Burg Hardenstein und der Zeche Nachtigall vorbei bis zur Uferstraße in Witten-Bommern.

31 Was den Münchenern die Wiesn ist dem Ruhrie die Cranger Kirmes, ein buntes Volksfest, das sich jährlich zwei Wochen durch den Herner Stadtteil zieht.

HATTINGEN – DER TOD
HAT EINEN LANGEN ATEM

Hey, Leute,

danke, dass ihr mein Blog gefunden habt. Wenn es euch gefällt – teilt es, damit ich Spritty füttern kann. Wenn es euch nicht gefällt – ciao, die Welt ist groß und jedem Tierken sein Pläsierken, wie meine Oma immer sagt.

Ich bin übrigens Kempi, offiziell Sven Kempelmann. Die meiste Zeit hänge ich mit Spritty ab, meinem alten VW-Bus, in dem ich auch oft wohne, oder mit Lappi8, meinem Laptop. Dem achten Laptop, das ich niedergeschrieben habe. Ohne meinen Laptop wäre ich aufgeschmissen. Ich bin schreibsüchtig und schreibe alles, was ihr wollt. Dazwischen blogge ich. Heute melde ich mich mal aus Hometown, aus Hattingen nämlich. Hier lebe ich, wenn ich nicht unterwegs bin. Coole Stadt, aber zwischen den vielgerühmten Fachwerkhäusern **32** und dem Adventskalender-Rathaus **33** ist nicht genug los ist, um Tag und Nacht darüber zu schreiben. Wenn es hier zu öde wird, fahre ich los. Irgendwo gibt es immer einen Gig oder ein Event, über das ich schreiben kann. Aber jetzt bereite ich einen Auftritt hier vor. Bin gespannt, was geht.

CU Kempi

»Guck mal, Claudia, die Flöte, die habe ich damals gefunden!« Ute Gillhausen stieß die zierliche Claudia Dicke an, mit der sie seit der Schulzeit befreundet war. Ihre goldenen Armreifen klirrten leise, was in dem Stimmengewirr, das im Ausstellungsraum des Bügeleisenhauses ▮34▮ herrschte, niemand wahrnahm.

Immer mehr Männer und Frauen kamen die knarrenden Stufen hinauf. Manche fluchten leise, weil sie sich den Kopf an der niedrigen Türzarge stießen. Die meisten staunten beim Betreten des Raumes darüber, wie sehr oder wie wenig sich ihre ehemaligen Mitschüler in den 30 Jahren seit ihrem Abi verändert hatten.

»Ach nee, da ist ja auch Dickie«, rief Stefan Sintermann aus und freute sich, dass seine ehemalige Mitschülerin Claudia Dicke noch immer bei dem Spitznamen zusammenzuckte. Dabei war sie von dem dicken Mädchen, das mit ihm zusammen Abi gemacht hatte, so weit entfernt wie er selbst von seinem Traum, Geschichtsprofessor zu werden. Er hangelte sich seit Abschluss seiner Promotion vor 15 Jahren von einer befristeten Stelle zur nächsten.

»Oh, der Professor! Auch schon da! Unser Bücherwurm war wohl noch im Aphorismus-Archiv ▮35▮ schmökern, was?«, säuselte Ute Gillhausen, mit der er die Nacht nach der Abi-Feier verbracht hatte. Er hatte sie einmal zufällig in einer Talkshow gesehen und wusste daher, dass sie ihren Traum, historische Romane zu schreiben, verwirklicht hatte. Ihm kam es vor, als hätte ihr

Blick etwas Triumphierendes. Damals waren sie erbitterte Konkurrenten um die Gunst ihres Geschichtslehrers gewesen. Und natürlich hatten sie beide an seiner AG teilgenommen, auch wenn das geheißen hatte, sich am Samstagmorgen früh aus dem Bett zu rappeln und auf den Isenberg 36 zu steigen.

»Mensch, Stefan, altes Haus!« Rüdiger Ibing, der Landtagsabgeordnete, von dessen Locken nach 30 Jahren nichts mehr übrig war, und Jens Mahler, dessen Körperumfang sich verdoppelt hatte, schoben sich neben Stefan. »Hast du deine Knochen schon gesehen?« Sie wiesen auf den zweiten Ausstellungsraum, bis zu dem Stefan noch nicht vorgedrungen war.

Vor einer Vitrine voller Knochen entdeckte er eine schlanke Frau mit dunkelblonden Haaren, die ihm vage bekannt vorkam. War das Heike Nonnenberg? ›Die Nonne‹, wie seine Freunde und er sie immer genannt hatten.

Ehe er das überprüfen konnte, empfing ihn sein früherer Banknachbar Michael Offenberg. »Hey Stefan!«, rief er und ließ seine manikürte Hand wieder und wieder auf Stefans Schulter fallen.

»Für einen Architekten hast du aber zarte Fingerchen«, frotzelte Stefan. »Und gleich die schönste Frau geangelt, was?« Die Frauen waren zum Teil nicht wiederzuerkennen. Michaels Begleiterin, eine gut aussehende schwarzhaarige Frau, konnte er sich als Marketing-Mensch gut auf dem Titelblatt der ›BRIGITTE-woman‹ vorstellen. Aus seiner Stufe war die sicher nicht.

»Hast du etwa deine Frau mitgebracht?«, fragte Stefan Sintermann daher und erstarrte, als Michael antwortete. »Das ist doch Sabine Büscher. Wir sprechen gerade von dir. Weißt du noch, damals, als wir nachts den Isenberg₅ rauf sind?«

Stefan sah ihn fassungslos an. Wie konnte er mit Sabine über diese Nacht reden? Hatten sie sich nicht gegenseitig versprochen, diese Nacht nicht mehr zu erwähnen und für immer zu vergessen?

Malte und Luna nerven mich schon seit Monaten wegen einer Location für das erste Open-Air-Konzert der Wildscheine. Für alle, die neu hier sind, die Band von Malte, Luna, Dumdum und mir heißt Wildscheine. Nachdem wir jahrelang in Ruhrgebietskneipen gespielt haben, wollen wir eine eigene Veranstaltung organisieren. Irgendwo in Hattingen. Ich habe die Burg Blankenstein **37** *oder die Isenburg als Location vorgeschlagen. Die Isenburg ist geil. Eine Burgruine mit viel Platz. Sogar eine alte Freilichtbühne gibt es dort. Okay, wir müssten echt alles selbst organisieren, sogar den Strom. Aber vielleicht lässt sich der Typ, der in diesem Haus mitten im Gelände wohnt, breitschlagen, uns zu unterstützen. Ist doch auch eine super PR für die Burg. Samstag schaue ich mir das an.*

»Wer hatte eigentlich diese beschissene Idee, nachts auf den Isenberg zu latschen? Warum sind wir eigentlich nicht nach Sprockhövel zu dem Bergbauwanderweg **38** gefahren, von dem irgendwer gesprochen hat?« Monika Schäfer stützte sich an einem Baum ab und schob ihre braunen Locken aus dem Gesicht. Sie schnaufte zwischen jedem Wort.

»Du hättest ja unten bleiben können«, entgegnete Rüdiger Ibing und ging mit seinem drahtigen Körper in großen Schritten an ihr vorbei.

»Klar, damit ihr euren Spaß habt und ich sehen kann, wo ich bleibe, was?« Monika holte tief Luft und kletterte hinter Rüdiger, Claudia, Michael und Stefan den Berg hinauf.

»Sind wir damals auch hierher gegangen?«, fragte sie schnaufend.

Niemand antwortete ihr. Auch wenn gerade Rüdiger so sportlich tat, waren sie doch nicht mehr 15 und hatten an der Steigung mehr zu knacken, als sie zugeben wollten.

Seit sie sich am Nachmittag im Bügeleisenhaus 30 Jahre nach ihrem Abitur wiedergetroffen hatten, waren sie bemüht, die Coolness aus der Schulzeit heraufzubeschwören. Dazu passte nicht, über den steilen oder weiten Weg zu jammern. Einzig Monika wagte es. Ute, Heike, Sabine und Jens hatten gleich abgewinkt, als Stefan vorschlug, auf den Isenberg zu steigen und an ihre alte Wirkungsstätte zurückzukehren.

»Viel hat sich hier nicht verändert«, stellte Rüdiger fest, als sie neben den Resten des alten Wohnturms standen.

»Aber guck mal, man kann die Treppen runtergehen, das ging früher nicht, oder?«, Claudia zog den Kopf ein und stieg langsam die Stufen hinab. »Wahnsinn«, stieß sie hervor, als sie in dem alten Gemäuer stand.

»Wenn man bedenkt, dass hier vor 800 Jahren Menschen gelebt haben.« Monika war ihr die Stufen hinuntergefolgt.

»Ich kann mir richtig vorstellen, wie die sich hier in den Betten gewälzt haben.« Claudia kicherte bei dem Gedanken und Monika fiel in das Lachen ein. Abwechselnd malten sie sich das Liebesleben des Grafen von Isenberg aus, der für kurze Zeit hier gelebt hatte, bis er wegen des Mordes an seinem Onkel, dem Erzbischof von Köln, hingerichtet wurde.

»Wo sind eigentlich die Jungs geblieben?« Claudia fiel die Stille als Erstes auf.

Die beiden Frauen stiegen im Schein des Mondes die Treppen hinauf. Als sie oben ankamen, verschwand der Mond hinter den Wolken.

Auf dem Ruinengelände war nichts zu erkennen. In der Ferne war der Umriss des Custodis-Hauses **39** auszumachen. Ein Bewegungsmelder beleuchtete die Mauern direkt vor dem Haus. Monika glaubte, einen Schatten zu erkennen. Als sie Claudia darauf hinweisen wollte, war er bereits verschwunden und das Licht ging aus.

Claudia holte ihr Smartphone aus der Jackentasche. »Endlich weiß ich, wofür diese Taschenlampen-App gut ist«, murmelte sie.

Auch Monika fühlte sich gleich wohler, als der schmale Schein der Taschenlampe die Nacht etwas aufhellte. Wo sich der Mond versteckte, war ihr klar. Aber wohin waren ihre Mitschüler verschwunden? Das Custodis-Haus mitten im Gelände war dunkel, dort waren sie sicher nicht. Um diese Zeit war das kleine Burgmuseum geschlossen und die Bewohner in den oberen Etagen schliefen längst.

»Komm, lass uns wieder runtergehen.« Claudia sprach aus, was Monika dachte. Besser, sie machten sich an den Abstieg, solange der Akku des Smartphones für einen kleinen Lichtschein auf dem Weg sorgte. Die Männer würden allein zurechtkommen.

Eigentlich bin ich auf den Isenberg gestiefelt, um zu checken, ob sich die Ruine für einen Gig der Wildscheine eignet. Ich dachte, die Isenburg wäre eine coole Location. Wäre sie auch. Nur jetzt gerade nicht. Denn jetzt latschen die Bullen da rum. Zum Glück macht mein Phone super Fotos. Wenn ich die für ein paar Euronen nicht bei einer Zeitung loswerde, dürft ihr mich Spießer nennen. Würde auch passen, wer ist schon so behämmert und schlappt morgens um acht den Isenberg hoch. Aber nachdem das Bereitschaftstelefon meines Vaters mich um sechs aus dem Schlaf gerissen hat, habe ich mich halt auf den Weg gemacht. Okay, hätte ich gewusst, dass ich dort oben meinen Vater treffen würde, hätte ich mir den Fußmarsch sparen können. Doch dann hätte ich nicht diese geilen Fotos schießen können, die Spritty und mir sicher zu einer schönen Tour verhelfen werden.

»Der Tote liegt dort drei bis vier Stunden, schätze ich«, hörte Sven Kempelmann seinen Vater, der als Notarzt an den Tatort gerufen wurde, zu Kriminalkommissarin Mühlbauer sagen. Er ärgerte sich, weil er vor der Absperrung stehen musste, obwohl er die Leiche des Mannes neben dem merkwürdigen Steinkreis gefunden hatte. Er schätzte ihn aufgrund dessen, was vom Kopf noch übrig war, auf etwa 50 Jahre, ein paar Jahre jünger als sein Vater, der sich über die Leiche beugte und leise sprach, sodass Sven nichts mehr verstehen konnte. Eine große Überraschung wäre die erste Schätzung der Todesart nicht. Der blutige Stein neben der zerschmetterten Schläfe deutete darauf hin, dass der Mann erschlagen wurde.

Sven beschloss, sich umzusehen. Die Polizei hatte nur einen Teil des Geländes zwischen Bergfried und Wohnturm abgesperrt. Die Ruinen des Wohnturms konnte er ebenso ungehindert betreten wie die Mauer zum Wald hin. Er stieg die überdachten Treppenstufen hinab und fand sich zwischen fast vollständig erhaltenen Mauern einer Kammer wieder. Er wunderte sich, wie wenig Müll hier herumlag. Anscheinend fanden nicht viele Spaziergänger oder Touristen den Weg hier hinauf. Dabei war das ein ideales Ausflugsziel für Familien mit Kindern, die sich zwischen den Mauerresten austoben konnten.

Ein Papier erregte seine Aufmerksamkeit. Er bückte sich und hob den kleinen Zettel auf. »Michael«, las er, dahinter stand eine Handynummer.

»Was machen Sie da?«, rief ihm jemand zu. Ein Polizist blickte von oben in die Ruine. »Verschwinden Sie!«, herrschte er Sven in einem Ton an, der ihn an seine Versuche bei der Bundeswehr erinnerte. Ihm verging die Lust, seinen Fund an die Polizei weiterzugeben. Sollten sie doch sehen, wie sie zurechtkamen. Er hätte sich auch aus dem Staub machen können. Aber nein, er hatte die Bullen gerufen und wurde zum Dank dafür wie ein Verbrecher behandelt. Diese Kommissarin hatte sich wenigstens vorgestellt, aber der Typ da.

»Bin ja schon weg«, brüllte er patzig zurück und ballte seine Hand zu einer Faust, um den Zettel zu verbergen. Den würde er Ariane Mühlbauer später mitbringen, wenn er seine Aussage zu Protokoll geben musste. Bis dahin konnte er auf eigene Faust ermitteln. Auf der überdachten Treppe steckte er die Hand in die Tasche und grinste, als er den Zettel unter den Gegenstand schob, den er in der Nähe des toten Mannes gefunden hatte. Er wusste genau, woher das Ding kam: aus dem Bügeleisenhaus. Wie und warum er jedoch in die Ruine gelangt war, das wollte er herausfinden.

Geiler Song-Titel, oder? Death-Key. Mal sehen, was uns dazu einfällt. Jetzt muss ich erst mal herausfinden, was es mit dem Todesschlüssel auf sich hat. Der Check, ob ein Bild davon schon mal im Web war, läuft. Kürzlich habe ich den noch in dieser Souvenirausstellung im Bügeleisenhaus gesehen. Den hat wohl jemand mitgehen lassen. Vielleicht der Tote, den ich oben in der Ruine gefunden habe. Michael Offenberg heißt er. Wenn man weiß, was

man sucht, findet man im Internet echt alles. Architekt
aus Braunschweig. Hat vor 30 Jahren in Hattingen Abi
gemacht hat. Wer schlägt denn so jemandem den Schä-
del ein? Und was wollte der mit dem Schlüssel? Fragen
über Fragen, um die ich mich kümmern muss. In jedem
Fall reicht die Kohle, die ich für das Key-Foto bekom-
men habe, für Sprittys Futter im nächsten halben Jahr.

Samstag, 1. Juni 17.00 Uhr

»Haben Sie mal daran gedacht, dass Sie zum Kreis
der Verdächtigen gehören?« Kommissarin Mühlbauer
betrachtete Sven durch ihre Designer-Brille, die perfekt
zu dem schicken Kostüm passte, das ihm schon am Tatort aufgefallen war. Ihm kam es vor, als könnte sie direkt
bis in sein Gehirn blicken und dort lesen, was er herausgefunden hatte. Aber das brauchte sie nicht einmal. Er
war so blöd gewesen, seine Erkenntnisse zu bloggen, als
er in der Henrichshütte **40** saß, froh über ein gemütli-
ches Plätzchen, an dem er die Beine ausstrecken konnte.

»Ich war das aber nicht!« Ein Unbehagen dämpfte
Svens Stimme, die genauso kläglich klang, wie er sich
fühlte. Er konnte die Kommissarin sogar verstehen, wäre
er an ihrer Stelle, hätte er genauso gedacht.

»Das sagen die meisten Täter, bis wir sie überführt
haben.« Ariane Mühlbauer lehnte sich in ihrem Stuhl
zurück und betrachtete Sven Kempelmann aus der
Ferne. Mit seinem schwarzen Hut sah er verwegener

aus, als er gerade wirkte. Fast wie ein aufmüpfiger Teenager, der bei einem Streich erwischt worden war.

»Aber warum sollte ich den Typ umbringen?« Sven ärgerte sich, weil seine Stimme fast flehentlich klang. Er war froh, dass keiner seiner Blog-Leser von diesem Gespräch erfahren würde. Hoffentlich nicht.

»Seine goldene Armbanduhr fehlt und seine Brieftasche mit den Papieren und der EC-Karte. Alles Motive für jemanden, der wie Sie in einem VW-Bus lebt und sich durchs Leben schnorrt«, antwortete die Kommissarin und beobachtete Sven Kempelmann bei ihren Worten genau. Sie kannte seinen Vater seit Jahren und wusste, dass Sven den Diebstahl nicht nötig hatte. Aber ihre Erfahrung hatte sie gelehrt, dass Provokationen mehr ans Tageslicht brachten als Small Talk und höflich gestellte Fragen. Schmunzelnd nahm sie wahr, dass Sven Kempelmann auf ihre Provokation einstieg.

»Hören Sie mal, ich verdiene mein Geld mit ehrlicher Arbeit«, brauste er auf. »Was glauben Sie denn?« Er konnte es nicht fassen. Bloß, weil er keine Lust hatte, eine Wohnung zu mieten, sondern im Bulli schlief, wenn ihm in seinem Elternhaus die Decke auf den Kopf fiel, war er doch kein Schnorrer und Verbrecher. Okay, er hatte kein geregeltes Einkommen, aber durch Artikel und Fotoverkäufe kam immer mal was in die Kasse. Sogar so viel, dass er sich eine Wohnung leisten könnte. Aber warum sollte er, wenn sein Zimmer zu Hause leer stand.

Die Kommissarin hatte amüsiert sein Mienenspiel verfolgt. »Also gut, Sie sind für uns nicht verdächtig«, lenkte sie ein. »Was nichts daran ändert, dass Sie Beweismittel unterschlagen haben.«

Das sah Sven ein. »Aber ich habe auch herausgefunden, was es mit dem Schlüssel auf sich hat«, verteidigte er sich. »Darauf wären Sie so rasch nie gekommen.«

»Wer weiß. Dieser Artikel über die Buddel-AG wäre uns sicher auch schnell aufgefallen«, bremste die Kommissarin in. »Und dass es einen Geheimgang und einen Schatz geben soll, ist allgemein bekannt. So mancher hat schon seine eigenen Ausgrabungen gemacht. Was glauben Sie, weshalb die Bewegungsmelder genau auf die Reste des Wachturms gerichtet sind?«

Ganz in der Nähe hatte Sven die Leiche gefunden. »Aber da gab es keine Spuren, dass jemand gegraben hat.«

Die Kommissarin stand auf. »Stimmt. Mehr darf ich Ihnen nicht sagen. Bitte unterschreiben Sie noch das Protokoll, dann können Sie gehen. Den Schlüssel und den Zettel mit der Telefonnummer behalten wir natürlich hier.«

Nachdenklich verließ Sven das Büro. Irgendetwas hatte er übersehen, sonst hätte die Kommissarin beim Abschied nicht so zufrieden gelächelt. Als freute sie sich darüber, dass er einen Witz nicht verstanden hätte.

Okay, ein Hotel California ist das Hotel Zur alten Krone **41** *mitten in Hattingen nicht. Aber so eine Nacht im Hotel ist trotzdem cool. Vielleicht sollte ich überhaupt Hotel-Tester werden. Die Gäste hier haben mir die Geschichte jedenfalls abgenommen. Sie können ja* nicht wissen, was ich weiß. Dass sie mit dem Toten aus Braunschweig auf der Abi-Feier waren. Ich musste mich nicht mal in die Gästeliste hacken. Als die Perle an der Rezeption kurz auf 17 war, hatte ich Zugang zu den Daten. Ich habe einfach alle Gäste aus den Geburtsjahren 1962 bis 1964 gesucht. Bingo! Ute Gillhausen, Rüdiger Ibing, Michael Offenberg, Stefan Sintermann, Monika Schäfer und Claudia Dicke. Als dann die Bullen auftauchten und sich an deren Tisch bringen ließen, wusste ich schon, was zwischen denen lief. Ich sage nur: ein Kessel voller Gold.

Samstag, 1. Juni 2013, 20 Uhr

»Sie alle kannten Michael Offenberg.« Das war keine Frage, sondern eine Feststellung, die Ariane Mühlbauer in den Raum warf.

Sven registrierte von seinem Platz vor dem Kamin, dass niemand widersprach. Auch nicht die drei Leute, die nicht im Hotel wohnten.

»Wir waren damals 80 Schüler im Abi-Jahrgang und kannten uns natürlich alle«, entgegnete eine modisch gekleidete Frau mit dunklem Pagenschnitt lebhaft. Sie gestikulierte so sehr, dass ihre goldenen Reifen während des Sprechens klirrten.

»Frau Gillhausen, nicht wahr?«, sprach Ariane Mühlbauer die Frau an. »Wir wissen, dass Sie alle eines mit Michael Offenberg gemeinsam hatten, die Buddel-AG!«

Sven sah, wie sich zwei Männer und zwei Frauen nervöse Blicke zuwarfen. Rüdiger, Stefan, Monika und Claudia, wenn er sich recht erinnerte.

»Und wir haben einen Zeugen, der Sie, Frau Dicke, und Sie, Frau Schäfer, nachts auf der Isenbergstraße gesehen haben will. In der Nähe des Campingplatzes **42**, dort, wo man auf den Isenberg geht, um zur Burg zu gelangen. Sie haben wohl kaum einen Spaziergang am Leinpfad **43** an der Ruhr in der Morgendämmerung gemacht«, fuhr die Kommissarin fort.

»Aber wir haben nichts mit Michaels Tod zu tun!« Zur Bekräftigung ihrer Aussage klopfte Monika mit der flachen Hand auf den Tisch, sodass die Suppentassen klirrten.

»Das sage ich auch nicht«, beruhigte die Kommissarin die Frau mit den braunen Locken, die aufgrund des Wutausbruchs leicht nachwippten. »Aber Sie waren in der Nähe des Fundortes der Leiche, den wir inzwischen als Tatort ermitteln konnten. Sie werden verstehen, dass uns das misstrauisch macht. Hätten Sie sich direkt bei uns gemeldet ... Aber so sind wir nur durch die Aussage des Autofahrers, der sie nachts am Parkplatz aufgesammelt und in die Stadt gebracht hat, auf Ihre Spur gekommen.«

Die zierliche Claudia Dicke, deren Körper so gar nicht zu ihrem Namen passte, blickte auf ihre Finger, die an der Häkeldecke auf dem Tisch nestelten. »Wir hatten Angst, dass wir verdächtigt würden«, sagte sie entschuldigend. Dann wandte sie sich an die Männer, die bisher fast teilnahmslos ihre Suppe gelöffelt hatten. »Wo wart ihr denn auf einmal?«

Die Kommissarin horchte auf. »Wen meinen Sie genau?«

»Na, Stefan, Rüdiger und Michael. Die sind doch vorgelaufen«, antwortete Monika an Claudias Stelle. »Wir sind in die Reste des Wohnturms runtergeklettert. Als wir wieder raufkamen, waren die drei verschwunden.«

»Ich wollte Michael anrufen«, mischte sich Claudia beherzt ein. »Er hatte mir beim Abendessen seine Handynummer aufgeschrieben, aber der Zettel war weg. Und die Nummern der anderen hatte ich nicht. Wir haben uns doch seit Jahren nicht mehr gesehen.«

Enttäuscht hörte Sven, was es mit seinem Zettelfund auf sich hatte. Offen war aber weiterhin, warum in der Nähe des Toten dieser Schlüssel gelegen hatte, der in eine der Ausstellungsvitrinen des Bügeleisenhauses gehörte.

Eins sage ich euch, sollte ich je Schulminister werden, führe ich als Erstes das Fach Ermittlungen ein. Da sitzt man eine Million Stunden ab, verplempert seine wertvolle Lebenszeit und lernt nur Zeug, das man nie mehr braucht. Aber wie man eine Wanze baut, um Verdächtige zu belauschen, das lernt man nicht. Da blieb mir doch nichts anderes übrig, als in der Gaststube abzuhängen, wo diese Ex-Buddel-Clique saß, und einen Cocktail nach dem nächsten zu trinken. Zum Kotzen. In jeder Hinsicht. Gut, dass das Hotel über eine ausgezeichnete Keramikabteilung verfügt. Aber es hat sich gelohnt. Mehr sage ich hier nicht, sonst habe ich wieder die Bullen am Hals.

»Nun, Herr Kempelmann, dann erzählen Sie mal, was Sie herausgefunden haben.« Die Kommissarin blickte Sven, dem man die Wirkung der Observations-Cocktails noch immer ansah, herausfordernd an. Als er nicht sofort antwortete, nahm sie ein Blatt und las den letzten Satz seines Blogs vor.

Sven stöhnte. »Ja, ja, auch beim Bloggen sollte man alle Sinne beisammenhaben«, kommentierte die Kommissarin seine Geräusche.

»Diese Cocktails sind gut, aber sie hau'n voll rein, kann ich Ihnen sagen.« Sven stöhnte wieder und hielt das Wasserglas an seine Stirn, um den Kopfschmerz zu lindern.

»Mich interessiert eher, was Sie herausgefunden haben«, entgegnete Ariane Mühlbauer trocken und wedelte mit dem Blatt, was Sven erneut stöhnen ließ.

»Nicht so hektisch!«, bat er. »Ich sage ja alles.« Er zog ein Papiertaschentuch aus der Hosentasche und goss unter dem befremdeten Blick aller Polizisten in dem Raum Wasser auf das Tuch. Dann hielt er es gegen die Stirn. »Das tut gut«, erklärte er, ehe er schilderte, was er herausgefunden hatte.

»Ich bin zwar nicht glücklich darüber, dass Sie sich in unsere Ermittlungen einmischen«, kommentierte die Kommissarin seine Geschichte, um sich dann doch noch mit einem »Das bringt uns aber wirklich weiter« zu bedanken. »Wir haben uns schon so etwas gedacht, als wir im Zimmer des Toten Zeitungsartikel über den Schatz auf der Isenburg sichergestellt haben.« Sie wandte sich von Sven zu ihrer Kollegen. »Ein solches Motiv hatten wir auch noch nicht, was? Dass jemand umgebracht wird, weil sich Leute um einen Kessel voller Gold streiten, den es nur der Sage nach gibt.«

»Und wenn die Leute mehr wissen?«, warf einer ihrer Kollegen ein. »Immerhin haben die vor 35 Jahren jeden Samstag da oben gebuddelt. Es kann doch sein, dass die etwas gefunden und es nicht an den alten Eversberg weitergegeben haben.«

Sven nickte unversehens, was der Kommissarin nicht entging. »Kann es sein, dass Sie uns noch nicht alles erzählt haben?«, fragte sie den Mann, der das nächste Papiertaschentuch mit Wasser beträufelte.

»Wenn ich das richtig verstanden habe, gab es damals eine Clique, die auch abends gegraben hat. Ohne den Lehrer«, berichtete Sven, nicht ohne beim Sprechen das feuchte Taschentuch gegen die Stirn zu pressen und ein leichtes Stöhnen von sich zu geben. »Irgendwann sind sie auf eine verschlossene Tür gestoßen, die sich nicht öffnen ließ. Sie war aus massivem Holz und einen dazugehörigen Schlüssel konnten sie nicht auftreiben.«

»Deswegen sind die Schlüssel aus der Vitrine des Bügeleisenhauses gestohlen worden. Einen davon haben Sie neben der Leiche gefunden, die anderen sind weiterhin verschwunden.« Kommissarin Mühlbauer zeigte auf das Foto der zwölf Schlüssel, das ihnen der Kurator der Ausstellung gemailt hatte.

»Aber bringt man dafür jemanden um?« Die Kommissarin blieb skeptisch. »Ich weiß nicht, ich habe das Gefühl, dass noch mehr dahintersteckt.«

Sven war erleichtert, dass sie ihn nicht weiter beachtete und er das Revier verlassen durfte.

Ich meine ja, dass die Erfinder des Internets einen Nobelpreis verdient haben. Das ist so unglaublich, was man da entdeckt. Ich sage nur: Zeitungsarchive! Hey, Frau Kommissarin, falls du wieder mitliest. Guckt euch mal die Zeitungsarchive und die Liste des Jahrgangs 1983 an. Kommt euch das nicht komisch vor, dass ausgerechnet hinter einem Teilnehmer der Buddel-AG ein Kreuzchen steht? Wer eins und eins zusammenzählen kann, sieht doch gleich, dass dieser Thomas F., der 1978 verschwunden und nie wieder aufgetaucht ist, jener Thomas Fliegenschmidt ist, der in der Jahrgangsliste als verstorben markiert ist. Na, klingelt da was? Wenn nicht, dann guckt mal hier, ein E-Book über die Ausgrabungen der Buddel-AG.

Montag, 3. Juni 2013, 8 Uhr

Sven legte jede Gurkenscheibe einzeln auf seinen Frühstücksteller und bewunderte sich selbst dafür, dass er so langsam hantieren konnte. Aber wie sollte er sonst, ohne aufzufallen, den Mann und die Frau belauschen, die sich am Frühstücksbuffet mit Rührei und Speck versorgten. Die Kommissarin hatte ihnen untersagt, Hattingen zu verlassen, ehe die Hintergründe des Todes von Michael Offenberg nicht geklärt waren.

»Wo wart ihr denn nun?«, flüsterte Locken-Monika – wie Sven sie für sich nannte, um die Leute auseinanderzuhalten – ihrem ehemaligen Mitschüler Glatzen-Rüdiger zu. »Und was ist mit Michael geschehen?«

Sven beugte sich rasch über den Nudelsalat, als wollte er ihn prüfen. Rüdiger Ibing sah sich um und sagte dann leise: »Da war plötzlich jemand und hat uns angegriffen.« Doch nicht leise genug. Sven verstand jedes Wort.

»Mitten in der Nacht? Du spinnst ja!« Monikas Antwort hätte genauso gut von ihm stammen können. Er kannte die Gegend. Als Jugendliche waren sie oft nachts dort raufgeklettert, um einen Joint zu rauchen. Aber getroffen hatten sie dort nie jemanden.

»Und wieso nicht? Wir waren ja auch dort und dann wohnen da welche«, verteidigte Rüdiger sich und beendete das Gespräch, indem er mit seinem Teller zurück zum Tisch ging.

Claudia Dicke, die Sven sich leicht merken konnte, weil sie eben nicht dick war, die gedankenverloren in ihrem Müsli stocherte, war weniger zurückhaltend als ihre Freundin Monika. Wieso sollte sie auch. Außer Sven und den ehemaligen Schülern war niemand in der Gaststube des Hotels Zur alten Krone.

Stefan hatte das Hotel mit Bedacht für die ehemalige Buddel-AG ausgewählt, ohne das an die große Glocke zu hängen. Es reichte, wenn er im Hintergrund die Fäden zog. Sven, der mit seinem schwarzen Hut, dem verwaschenen T-Shirt und der weiten Jogginghose in der Ecke saß, nahm er nicht für voll. Ein Fehler, wie sich zeigte, als Kommissarin Mühlbauer eine halbe Stunde später die Gaststube betrat und auf Sven zuging.

»Na, was haben Sie jetzt wieder herausgefunden?«, fragte sie ihn und setzte sich so an seinen Tisch, dass sie die Buddel-Clique im Blick hatte.

Sven deutete mit dem Kopf auf einen der beiden Männer gegenüber. »Den würde ich genauer befragen«, empfahl er, was die Kommissarin in die Wege leitete, als er ihr die Gründe für seinen Verdacht beschrieb.

Tja, wenn man schon einen Mord begeht, sollte man sich wenigstens eine gute Story ausdenken. Okay, die Polizei geht von Totschlag aus. Dieser Michael Offenberg hat das Nervenflattern gekriegt, als die drei Männer da oben in der Ruine waren. Er war etwas verpeilt und glaubte daran, dass Tote umhergehen können. Ich meine, das weiß doch jeder, dass das eine Film-Kiste ist. Untote, Zombies, die gibt es nur auf DVD. Aber wer weiß, vielleicht gab es die noch nicht, als das Michaelchen noch klein war und nun hatte er Angst, dass der Teufel umging, vor dem meine Oma manchmal Angst hat.

Montag, 3. Juni 10.30 Uhr

»Als wir da oben ankamen, ist Michael plötzlich ausgeflippt.« Stefan Sintermann sah die Kommissarin und ihre Kollegen an. »Wir hörten ein merkwürdiges Pfeifen, vermutlich der Wind, der sich in den Mauern verfing.

Aber Michael rief auf einmal: ›Thomas, bist du das?‹ Ich wusste zuerst gar nicht, was der von mir wollte. Mein zweiter Name ist Thomas, müssen Sie wissen.«

Die Kommissarin schwieg und sah durch das Fenster in den Nebenraum, in dem zur gleichen Zeit Rüdiger Ibing verhört wurde. Im ersten Verhör hatte er angegeben, dass ein Unbekannter über sie hergefallen war. Das passte nicht zu der Beschreibung des Tatabends, die Stefan Sintermann ihnen auftischte. Er behauptete steif und fest, er wäre um das Haus Custodis im mittleren Ruinen-Bereich herumgegangen, um zu prüfen, ob dort jemand war, nachdem Michael Offenberg nicht aufhörte, über Stimmen zu sprechen.

Die Analyse der Fingerabdrücke hatte sie nicht weitergebracht, weil die Teilnehmer der nächtlichen Expedition wegen der niedrigen Nachttemperaturen im Juni Handschuhe getragen hatten.

»Kommst du mal, Ariane«, unterbrach ein uniformierter Kollege ihre Gedanken und den Redefluss des Verdächtigen. Dieser beharrte darauf, dass der Verstorbene immer wieder nach jenem Thomas gerufen hatte, der während ihrer Schulzeit auf ungeklärte Weise verschwunden war.

»Das hier haben wir im Hotel gefunden.« Der Polizist hielt Ariane Mühlbauer eine Schachtel hin, in der sich schwarze Schlüssel befanden, die genauso aussahen wie die gestohlenen Exponate aus dem Bügeleisenhaus. Darunter lagen Ausdrucke jener Zeitungsartikel, auf die Sven Kempelmann sie bereits hingewiesen hatte. Alle beschäftigten sich mit jenem Thomas Fliegenschmidt, dessen Verschwinden 1978 die Polizei in Atem gehalten hatte und der bis heute nicht wiederaufgetaucht war. Man hatte damals vermutet, dass er sich in die Niederlande abgesetzt hatte wie so manche Jugendliche nahe der Grenze, die den Verlockungen der Drogen nicht widerstehen konnten. Auch wusste man, dass er mit der RAF sympathisierte und schloss nicht aus, dass er abgetaucht war.

Aus den Augenwinkeln sah die Kommissarin, dass Stefan versuchte, einen Blick in die Kiste zu erhaschen. Sie hielt die Schachtel so, dass er die Schlüssel erkennen konnte. »Kommen Ihnen die bekannt vor?«, fragte sie.

Stefan Sintermann zuckte mit den Achseln. »Klar. Die lagen doch in der Ausstellung. Wir haben noch gewitzelt, weil die Nonne behauptet hat, die gehörten zu der Tür, die wir damals freigelegt haben.« Sein Gesicht erstarrte. »Wieso haben Sie die im Hotel gefunden? Bei wem?«

Die Kommissarin stand auf und flüsterte mit dem Kollegen. »Sie können gehen«, sagte sie schließlich zu Stefan. »Ich denke, wir wissen jetzt, wie sich alles zugetragen hat.«

Leute, ich sag's euch. Das war das Krasseste, was ich bisher erlebt habe. Da bringt jemand nach 30 Jahren seinen ehemaligen Mitschüler um, weil er Angst hat, dass der einen Unfall ausplaudert, der vor 35 Jahren passiert ist. Gänsehaut-Feeling der schlimmsten Sorte, sag ich euch.

Im Klartext. Vor 35 Jahren gab es hier in Hattingen eine Buddel-AG, die mit dem Lehrer Eversberg in der Ruine Knochen und anderen Krempel ausgegraben hat.

Schon damals ging das Gerücht umher, der Graf, der auf der Burg lebte, hätte einen Kessel voller Gold vergraben, das er auf seiner Flucht durch den Geheimgang nicht mitnehmen konnte. Fliehen musste er, weil er seinem Onkel das Licht ausgeblasen hatte. Jedenfalls waren in den 70er-Jahren alle scharf darauf, in der AG mitzumachen. Und einige haben nicht nur samstags, sondern auch nachts gebuddelt. Ohne den Lehrer und ohne Erlaubnis. Dabei ist dieser Thomas Fliegenschmidt so unglücklich gestürzt, dass er sich das Genick gebrochen hat. Die anderen hatten Schiss, dass sie von der Schule fliegen würden, wenn herauskam, dass sie heimlich nach dem Schatz suchten. Vor allem Rüdiger Ibing hatte Panik. Sein Vater war damals ein ebenso hohes Tier in der Politik wie er selbst heute. Da haben sie entschieden, ihren Mitbuddler hinter der Tür, die sie freigelegt hatten, zu vergraben.

Dieser Michael Offenberg, den ich gefunden habe, war auf einem Eso-Trip und glaubte, dass der nicht ordentlich beerdigte Thomas sein Karma stört. Er wollte das Grab prüfen und hat die Schlüssel in der Ausstellung mitgehen lassen. Sein Pech, dass einige andere aus der Buddel-AG die Idee hatten, nach dem Saufgelage auf den Berg zu latschen. Mein Glück, dass mich das Notfalltelefon meines Vaters so früh geweckt hat und ich den Toten gefunden habe. Morgenstund hat Leich im Mund.

Mit der Karriere von Glatzen-Rüdiger ist es natürlich aus. Er war es nämlich, der dem Eso-Michael eins übergebraten hat. Ekelhaft, sag ich euch. Wenn man das mal gesehen hat, streicht man Hirnsuppe von seinem Speiseplan. Aber strange drauf ist der Typ schon. Kloppt seinen

Kumpel um, während die Tussen irgendwo rumklettern und ein anderer Typ gerade mal ums Haus gegangen ist. Und dann nimmt der noch diesen Kram mit, Uhr, Brieftasche und die geklauten Schlüssel aus dem Bügeleisenhaus. Ich meine, wer die Burgruine kennt, der weiß, dass da ganz sicher keine Junkies oder andere Haste-ma-ne-Mark-Typen rumlungern. Eiskalt dieser Rüdiger Ibing. Politiker eben. Womit ich nichts gegen Politiker sagen will. So im Einzelnen, aber Nerven brauchen die. Das ist mal klar. Unsere Konzertbesucher auch. In vier Wochen ist unser Gig. Wo? Na, in der Burgruine natürlich.

CU, Kempi.

32 Die Innenstadt Hattingens ist ein Blickfang für alle, die Fachwerkhäuser mögen. In die alten Gebäude haben sich harmonisch moderne Geschäfte integriert, die zum Bummeln einladen

33 Alljährlich in der Adventszeit verwandeln sich die Fenster des Alten Rathauses von Hattingen in einen Adventskalender, aus dessen Türchen gelegentlich sogar Frau Holle herausschaut.

34 Das Bügeleisenhaus ist ein altes Fachwerkhaus mitten in der Hattinger Altstadt, in dem wechselnde Ausstellungen des Heimatvereins über die Geschichte der Region informieren.

35 In Hattingen residiert tatsächlich die einzige Einrichtung im deutschsprachigen Raum, die sich dem Aphorismus als Literaturgattung verschrieben hat. Mit Projekten, Veranstaltungen und monatlichen Aphorismen sorgt das Deutsche Aphorismus Archiv dafür, dass diese Literaturform nicht in Vergessenheit gerät.

36 Der Isenberg ist eine Anhöhe in der Nähe Hattingens, auf der 1200 die Isenburg gebaut wurde. Heute wird der Isenberg gern als Spazierweg und von Kletterern als Trainingsgebiet genutzt.

37 Die Burg Blankenstein war eine der vier Hauptburgen des Grafen von der Mark. In ihrer begehbaren Ruine befindet sich heute ein Restaurant, das einen weiten Blick über das Ruhrtal erlaubt.

38 Der Bergbauwanderweg Spur der Kohle in Sprockhövel erklärt an über 40 Stationen die Geschichte des Bergbaus.

39 Mitten in der Burgruine Isenburg steht Haus Custodis, das Mitte des 19. Jahrhunderts im Auftrag des Hofbaumeisters Custodis im klassizistischen Stil erbaut wurde. Das Haus ist teilweise bewohnt und beherbergt ein Burgmuseum, das am Wochenende geöffnet hat.

40 Bis 1987 waren die Hochöfen der Henrichshütte noch aktiv, heute sind sie begehbare Zeugen der Geschichte. Die Henrichshütte ist ein Industriemuseum geworden, in dem vielfältige Ausstellungen und andere Veranstaltungen stattfinden und Industriegeschichte erlebbar wird.

41 Das Hotel zur Alten Krone ist nicht irgendein Hotel im Herzen Hattingens. Es befindet sich in dem einzigen Ackerbürgerhaus aus dem 16. Jahrhundert, das noch vorhanden ist. Es wurde renoviert und restauriert, doch sollte eine Hotelbuchung rechtzeitig erfolgen, da das Haus nur über eine begrenzte Zimmeranzahl verfügt.

42 Wer lieber wie Sven Kempelmann mit dem Wohnmobil reist, ist auf dem Hattinger Campingplatz am
Fuß des Isenbergs in unmittelbarer Nähe zur Ruhr
gut aufgehoben.

43 Im 18. Jahrhundert wurde entlang der Ruhr ein
Leinpfad angelegt, der es erlaubte, die Hütten-
erzeugnisse über die Ruhr zum Rhein zu trans-
portieren. Dieser Pfad steht heute Radfahrern, Ska-
tern und Fußgängern zur Verfügung.

HAGEN – DER SCHEIN TRÜGT

»Du hast versprochen, dass ich mir den Ort aussuchen darf, Mama.« Tobias Henke sah seine Mutter enttäuscht an.

Anja schaute ratlos zu ihrem Mann Oliver, der die Schultern hochzog und mit schiefem Lächeln sagte: »Versprochen ist versprochen.«

Ihr blieb keine andere Wahl. Sie hatte zugesagt, dass ihr Sohn den Ort seiner Geburtstagsfeier selbst bestimmen durfte. Dabei hatte sie an das Wasserschloss Werdringen **44**, die Elbershallen **45** oder Schloss Hohenlimburg **46** gedacht, auch eine Badeparty an der Glör **47** hätte sie nicht ausgeschlossen. Und er hatte ausgerechnet die alte Munitionsfabrik **48** im Sterbecker Tal gewählt.

»Tobi, das ist kein Veranstaltungsort«, versuchte sie zum wiederholten Mal, ihm die Idee auszureden. »Da kann man nicht einfach hingehen und eine Party veranstalten.«

»Ich habe das alles mit den Leuten, die da ihre Werkstatt haben, besprochen«, entgegnete Tobias. »Sie räumen die Halle frei, wir müssen nur für Getränke und Verpflegung sorgen und danach dafür sorgen, dass es so aussieht wie vorher.«

Anja seufzte. »Okay. Kompromissvorschlag. Wir verschieben unseren Spaziergang am Hengsteysee **49**, fahren dafür ins Sterbecker Tal und schauen uns das an. Dann sehen wir ja, wie aufwendig es ist, dort ein Fest auszurichten. Ich meine, gibt's da überhaupt Toiletten und Wasser?«

Ihr Sohn verdrehte die Augen. »Wen interessiert das denn?«

Oliver lachte. »Ich vermute, die Mädels, die du einlädst. Oder wird das eine Herrenrunde?«

»Wieso wollen die Mädchen das wissen?«, mischte sich Anjas siebenjährige Tochter Ida in das Gespräch ein.

Anja verließ das Wohnzimmer. Die Antwort sollte ihr Mann geben. Sie holte ihre Kamera aus dem Arbeitszimmer und hörte, als sie zurückkam, gerade noch Idas Antwort: »Ich will auch im Stehen Pipi machen.«

Es wurde Zeit, das Thema zu beenden. »Dann lasst uns gleich fahren, ehe es anfängt zu regnen.« Sie scheuchte ihre Familie aus dem Haus und ließ sich von Tobias zur alten Munitionsfabrik dirigieren.

»Hier steht, dass das Privatbesitz ist«, stellte sie fest, als sie den kleinen schmalen Weg hinunterfuhr.

»Darum kümmert sich doch keiner«, sagte Tobias und zeigte ihr, wo sie das Auto abstellen konnte. »Hamid und ich waren ein paar Mal hier mit seinem Onkel, der mit einem der Schrauber befreundet ist.«

Anja seufzte. Wenn Tobias mit seinem Freund Hamid zusammen war, kam nicht immer etwas Sinnvolles heraus. Das sah man an dieser Schnapsidee, hier eine Party zu feiern.

Kaum war die Familie aus dem Auto gestiegen, da packte Anja ihre Kamera aus und schoss ein Foto nach dem anderen.

Oliver und Tobias grinsten sich verschwörerisch an. Typisch, Anja. Sobald sie ein Fotomotiv witterte, waren alle Bedenken vergessen. Privatbesitz? Nie gehört!

»Ist das ein Märchenschloss?«, erkundigte sich Ida. »Das sieht aus wie bei Dornröschen.« Sie zeigte auf eine alte verlassene Villa, die geheimnisvoll wirkte.

»Könnte eher ein Krimipark sein«, fand Tobias. »Das sieht doch aus wie bei Edgar Wallace.«

»Wer ist Edgar Wollas?«, fragte seine kleine Schwester.

Mit einem leisen Stöhnen erklärte Tobias ihr, wie man Edgar Wallace aussprach und dass seine Krimis verfilmt wurden.

Anja war derweilen weitergegangen. »Guckt mal hier. Die Tür ist ganz neu«, rief sie.

Tobias, Oliver und Ida folgten ihr. »Komisch, das war letztens noch nicht«, meinte Tobias.

Die vier liefen um das Häuschen herum. Anja, Oliver und Tobias blickten durch Fenster, die noch heil, aber schmutzbedeckt waren. Ida sprang hoch. »Ich kann nichts sehen«, nörgelte sie.

Oliver bückte sich bereits, um sie hochzuheben, da sagte Anja laut: »Ach, das lohnt sich nicht. Da ist nichts.« Gleichzeitig machte sie Oliver ein Zeichen, sich mit Ida von dem Haus zu entfernen.

»Guck mal dahinten, da ist ein Igel, glaube ich.« Tobias zeigte auf hohes Gras einige Meter entfernt.

Sofort rannte Ida los.

»Was sollte das denn?«, fragte Oliver.

»Guck mal da rein«, sagten Anja und Tobias gleichzeitig. »Da liegt jemand.«

Oliver sah an Anja vorbei durch das Fenster.

Neben einem Stuhl lag ein blonder Mann auf der Seite. In seinem Mund steckte ein Knebel, seine Hände waren hinter dem Rücken gefesselt und seine Füße zusammengebunden. Er hatte die Augen geschlossen, doch die Art, wie er da lag, legte die Vermutung nahe, dass er nicht mehr lebte.

Anja zog bereits ihr Handy hervor. »Ich habe hier keinen Empfang.«

Tobias und Oliver zückten ihre Smartphones. »Ich sag doch, dass du endlich Netz und Gerät wechseln solltest«, erinnerte Oliver Anja an ihre wiederholten Diskussionen, ehe er seinem Gesprächspartner berichtete, was geschehen war.

»Die Polizei schickt einen Wagen«, sagte er zu Anja. »Aber ich bin nicht sicher, ob sie mir wirklich geglaubt haben.«

Anja grinste. »Siehst du, mir hätten sie geglaubt. Ich hätte nämlich direkt Herrn Neubert angerufen.«

Oliver lachte. »Tja, auf die Begegnung mit deinem Freund von der Mordkommission müssen wir dann wohl verzichten.«

»Kommt mal!«, rief Tobias, der um das Haus herumgegangen war.

»Guckt mal!«, schallte im gleichen Augenblick Idas Stimme über das Gelände.

Anja schwankte, in welche Richtung sie laufen sollte.

Dann siegte die Sorge um ihre kleine Tochter über die Neugier, was Tobias entdeckt haben mochte.

Ida war einige Meter in das hohe Gras hineingegangen. Nun stand sie vor einem Auto, dessen Heckklappe das Gesicht eines Dalmatiners zierte. »So einen Hund möchte ich haben«, erklärte Ida ihrer Mutter.

Anja war sprachlos. Das war alles? Sie rief sich zur Ordnung. Für ein kleines Mädchen war ein Hund nun einmal wichtig.

»Wir schauen mal«, versprach sie und nahm Idas Hand. Im Weggehen drehte sie sich um, weil sie sich fragte, wieso jemand sein Auto derartig versteckt parkte. Privatbesitz hin oder her. Die Autoschrauber waren mit Erlaubnis des Eigentümers hier, da musste keiner sein Auto verbergen. Es sei denn … Sie dachte an den Mann in dem Haus. Aber der hatte wohl kaum sein Auto hier versteckt und sich dann selbst gefesselt und geknebelt. Aber vielleicht derjenige, der den Mann gefesselt und geknebelt hatte!.

Sie fotografierte das Autokennzeichen und die Umgebung, in der das Fahrzeug stand, ehe sie mit Ida zurück zu Oliver und Tobias eilte.

»Mama, was macht die Polizei hier?«, wollte Ida wissen, als sie das hohe Gras durchquert hatten.

Zum Glück wurde Anja einer Antwort auf die Frage enthoben, weil Tobias auf sie zukam und sagte: »Die Polizei möchte dich sprechen. Ich mach das schon.«

Anja wusste, dass er Ida ablenken würde. Am Ende des Geländes standen einige Menschen. Vermutlich die Automechaniker, von denen Tobias gesprochen hatte.

Da gab es sicher genug für Ida zu sehen, sodass sie der Polizei in Ruhe Rede und Antwort stehen und vielleicht einige Fotos machen konnte.

»Uns wäre es lieber, Sie würden das Gelände verlassen«, beendete der Polizeibeamte das Gespräch mit Anja und Oliver. Den beiden blieb nichts anderes übrig, als Tobias und Ida zu suchen und sich der unmissverständlichen Aufforderung des Ordnungshüters zu beugen.

Anja sah auf die Uhr, als sie sich der Innenstadt näherten. »Wir könnten noch die Zwergen-Ausstellung im Stadtmuseum **50** anschauen«, schlug sie vor.

Ida war sofort Feuer und Flamme. Genau das, was Anja beabsichtigt hatte. Sie wollte vermeiden, dass die Gedanken ihrer Tochter um die verlassenen Häuser rankten, und die Zwerge würden sie sicher ablenken.

»Du denkst aber daran, dass ich heute Abend noch nach Schwerte zum Welttheater **51** will«, erinnerte Oliver seine Frau. »Da tritt eine Gruppe auf, die vielleicht für den Muschelsalat **52** im nächsten Jahr interessant sein könnte.«

Anja nickte. »Das Museum schließt um 18 Uhr. Das schaffst du locker.« Sie sah sich nach hinten um. »Bist du heute Abend zu Hause, Tobi?«

Ihr Sohn nickte. »Hamid kommt und wir wollen ein bisschen zocken.«

Nicht gerade die Beschäftigung, die Anja sich für ihren Sohn vorstellte. Aber sie wusste, dass Computerspiele für ihn ein Hobby unter vielen war, dazu eines, das ihr erlaubte, abends mit Oliver aus dem Haus zu gehen, weil sie wusste, dass Ida gut aufgehoben war. »Dann fahre ich mit nach Schwerte«, verkündete sie. Schließlich war sie wie Oliver aktiv bei den Muschelsalatrettern und ebenfalls immer auf der Suche nach außergewöhnlichen Künstlern für das Sommerprogramm.

Es wurde dann doch ein wenig hektisch, als die Familie zu Hause eintraf, sodass Anja keine Zeit hatte, ihre Fotos vom Nachmittag zu sichten. Sie sorgte rasch dafür, dass Ida etwas zu essen bekam und sich die Zähne putzte, bevor sie außer Atem zu Oliver ins Auto stieg.

Erst am nächsten Morgen, als sie das Frühstück für ihre Lieben zubereitete, fiel ihr die Kamera ein. Sie deckte rasch den Tisch und lud die Fotos auf ihren Laptop, während hinter ihr der Eierkocher brummte und die Kaffeemaschine zischte.

Ihrer Kamera gelangen auch im Automatikmodus gestochen scharfe Fotos, die oft mehr zeigten, als sie mit bloßem Auge entdecken konnte.

Da lag der Mann neben dem Stuhl in dem verlassenen Haus. Hinter ihm standen Kacheln mit Bildmotiven an der Wand, die ihr bekannt vorkamen. Außerdem einige Bilder und vor allem eine Frauenbüste, von der sie sicher wusste, dass sie sie vor nicht allzu langer Zeit gesehen hatte.

»Guten Morgen, mein Schatz.«

Anja sah sich um. Ihr Mann kam gerade im rechten Augenblick. Wenn sich einer in ihrer Familie mit Kunst auskannte, dann war er das.

Er pfiff leise, als er die Vergrößerung von Anjas Foto sah. »Das ist ja die Büste von Georg Minne aus dem Hohenhof **53**. Und die Kacheln von Matisse sollten eigentlich ebenfalls dort hängen. Was machen die denn in dem verlassenen Haus?«

Das war nicht die einzige Frage, die Anja sich stellte, viel interessanter fand sie: »Wieso hat man noch nichts davon gehört, dass die Dinge im Hohenhof fehlen?«

Oliver nickte. »Du hast recht. Das hätten wir längst mitbekommen. Vermutlich sind das Fälschungen. Aber weshalb sollte jemand die Gegenstände fälschen? Okay, Werke von Matisse sind einiges wert, aber selbst geheime Sammler würden bemerken, dass die Kacheln nirgendwo montiert waren, also gefälscht sein müssen.«

Anja vergrößerte das Foto weiter. Sie scrollte so lange, bis sie den Rand einer Kachel im Blick hatte. »Guck dir das mal an.«

Am Rand der Kachel waren eindeutig Mörtelspuren zu sehen. Entweder war sie sehr gut gefälscht oder es war doch das Original.

»Der Hohenhof ist seit dem Abschiedsfest wegen Filmarbeiten geschlossen«, überlegte Oliver laut. »Theoretisch könnte da etwas wegkommen, ohne dass das sofort auffällt.«

Nun wusste Anja wieder, wo sie die Büste gesehen hatte. Bei dem Abschiedsfest vor zwei Monaten, das viele Hagener in die Jugendstilvilla gezogen hatte. So viele, dass ihre Netzwerkkollegin Pia, die für das Catering verantwortlich war, ins Schwitzen geraten war. Zumal sie ohnehin Probleme gehabt hatte, für den Tag genügend Aushilfskräfte zu finden, und einer von ihnen nach einer Stunde wieder verschwunden war, weshalb Anja kurzfristig hatte einspringen müssen.

Oliver blickte auf die Uhr. »Das will ich jetzt wissen.« Er ging in sein Arbeitszimmer und rief einen Bekannten an, der im Hohenhof gelegentlich Führungen anbot. Wenig später kam er mit der Nachricht zurück: »Die Matisse-Kacheln hat tatsächlich jemand von der Wand geklopft und die Büste von Georg Minne fehlt auch, ebenso einige Bilder aus dem oberen Stockwerk und zwei alte Bücher aus dem Büro von Karl Ernst Osthaus.«

Anja schaute jedes Fleckchen der Fotos an. Mehr als den hellen Kopf und die ebenfalls in dem Dunkel leuchtenden Kacheln konnte sie nicht erkennen.

»Die Polizei geht davon aus, dass der oder die Täter sich bei dem Fest Zugang verschafft haben. Eventuell haben sie ein Fenster geöffnet und sind dadurch später eingedrungen. So genau konnte Klaus-Dieter das nicht sagen.«

Anja dachte an den verschwundenen Aushilfskellner, der zu Pias Überraschung niemals ihren Lohn für den Tag eingefordert hatte. Ob er der Täter war oder zu ihnen gehörte? Aber die Polizei hatte Pia vermutlich längst befragt. Und was hatte er mit dem Mann zu tun, den sie gefunden hatten?

Zum Glück neigten ihre Kinder dazu, am Sonntagmorgen lange zu schlafen, so konnte Anja in Ruhe telefonieren.

»Ja, hallo?«, meldete sich ihre Freundin.

»Oh, Pia, habe ich dich geweckt«, antwortete Anja. »Das tut mir leid. Ich habe auch nur eine kleine Frage.«

»Deine Fragen kenne ich.« Pia stöhnte. »Warte, ich

stell eben die Kaffeemaschine an, damit ich klar denken kann.«

Anja hörte schlurfende Schritte und ein Klappern.

»So, Kaffee läuft.« Pias Stimme klang nicht mehr ganz so verschlafen. »Worum geht's?«

»Ich wollte nur wissen, ob du etwas von der Aushilfe gehört hast, die bei der Party im Hohenhof plötzlich verschwunden war.«

»Ich wusste, dass du keine leichten Fragen stellst.«

Anja hörte, wie Pias Kaffeemaschine zischte und ihre Netzwerkkollegin zufrieden seufzte.

»Das tut gut! Da bin ich wieder. Vor dem Kaffee kann ich keine anspruchsvollen Fragen beantworten.«

»Die Frage lässt sich doch klar mit Ja oder Nein beantworten«, fand Anja.

»Wart's ab!«, meinte Pia. »Und hol dir einen Kaffee, das ist eine größere Story.«

Anja sah in die Küche. Oliver hatte sich mit einem Kaffee in sein Arbeitszimmer verzogen, von den Kindern war noch nichts zu hören. Rasch drückte sie auf den Knopf ihres Kaffeeautomaten und setzte sich wenig später mit einer Tasse Milchkaffee auf die Couch. »Fertig. Dann schieß mal los.«

Sofort schilderte Pia, dass sie versucht hatte, den Aushilfskellner zu erreichen, dieser jedoch weder an sein Festnetztelefon noch ans Handy ging. Als die Polizei erschien, um sie wegen der Diebstähle im Hohenhof zu befragen, hatte sie den Beamten das berichtet. Diese hatten dann ihrerseits versucht, den Mann ausfindig zu machen. Ohne Erfolg.

»Der Mann war verschwunden. Wie vom Erdboden verschluckt.« Anja dachte an den Toten in dem verlassenen Haus, der dort mindestens zwei Wochen lag, wie sie zufällig von zwei Polizisten erfahren hatte. Sie hörte das Klicken eines Feuerzeugs.

»Nun noch eine Zigarette und der Tag kann beginnen«, erklärte Pia.

»Jetzt kommt nämlich das Unheimliche an dem Ganzen. Letzte Woche stand die Polizei plötzlich wieder vor der Tür. Da stellte sich heraus, dass es eine Vermisstenanzeige für den Typen gibt.«

Anja hörte Klappern und Zischen. Anscheinend kochte Pia sich den nächsten Kaffee.

»Der war das aber gar nicht. Also der Name war richtig, aber der Mann war falsch. Stell dir das vor. Da hat sich einer morgens bei mir unter dem Namen eines anderen für den Job gemeldet. Der hätte mich doch bloß fragen brauchen, dann hätte ich den auch noch eingesetzt. Ich war froh über jede Arbeitskraft.«

Anja schmunzelte über Pias Interpretation des Rollentauschs. Aber ihre Freundin wusste ja nicht, was sie mitbekommen hatte. Dem Ersatzmann ging es keineswegs um einen Job, sondern um die Möglichkeit, sich Zugang zum Hohenhof zu verschaffen und diesen anschließend auszurauben. Sie überlegte, ob sie Pia von ihrer Entdeckung berichten sollte, aber die Polizei würde über kurz oder lang bei ihr vor der Tür stehen, wenn Anja mit ihrem Verdacht recht hatte. Bestimmt war der Mann, den sie gefunden hatte, die engagierte Aushilfskraft, die von einem skrupellosen Kunstdieb

entführt worden war. Vielleicht waren die beiden Kom-
plizen und hatten sich überworfen? In jedem Fall musste
dieser Ersatzmann etwas mit dem Tod des Aushilfskell-
ners zu tun haben.

Anja versuchte sich an den Ersatz zu erinnern. »Weißt
du noch, wie der falsche Kellner ausgesehen hat?«

»Puh, da waren so viele Leute«, antwortete Pia. »Warte
mal. Das war, glaube ich, der mit der komischen Tattoo-
Nummer auf dem Arm. Ich musste ihn auffordern, die
mit einer Mullbinde zu verdecken. Normalerweise stelle
ich keine Leute mit Tattoos ein, weil die meisten Kunden da Vorbehalte haben. Ich weiß noch, dass ich mich
geärgert habe, weil ich keine Zeit für Bewerbergesprä-
che hatte.«

An die Mullbinde erinnerte Anja sich. Irgendwer hatte
den Mann angesprochen, ob er mit dem verletzten Arm
überhaupt das Tablett halten konnte. Jetzt wusste sie
auch wieder, wie das gewesen war.

Der Mann hatte insgesamt eher ärmlich gewirkt und
jemand hatte gespottet, dass nicht jeder es sich leisten
könne, mit einer verletzten Hand krankzufeiern. Sie
musste unbedingt die Fotos der Veranstaltung durch-
sehen, vielleicht war der Mann auf einem Bild zu sehen.

»Wenn du noch etwas weißt, melde dich bitte«, verabschiedete sie sich hastig von Pia, ohne auf deren Frage
einzugehen, weshalb sie das alles wissen wollte.

Als sie den Telefonhörer weglegte, hörte sie hinter
sich Tobias und Ida. Ihre Fotosichtung musste erst einmal warten.

»Nun aber flott«, drängelte Anja eineinhalb Stunden später. »Sonst kommen wir zu spät zur Ausstellungseröffnung im Emil-Schumacher-Museum 54 .«

»Ich bleibe hier«, erklärte Tobias. »Ich muss für unseren Auftritt üben und wenn ihr nicht da seid, kann ich mich so richtig austoben.«

Anja lachte. »Als ob du das nicht sonst auch tun würdest.« Oft genug verschwand ihr Sohn hinter seinem Schlagzeug in dem Keller, den Oliver ihm ausgebaut hatte. Meist dicht gefolgt von seiner kleinen Schwester Ida, die stolz mit ihrem kleinen Schläger neben der kleinen Trommel auf ihren Einsatz wartete.

»Dann bleibe ich auch hier!«

Es war Anja klar, dass Ida lieber mit in den Musikkeller ging als ins Museum. Zwar bekam sie dort immer Malsachen und traf andere Kinder, aber sie musste lange still sitzen, eine Fähigkeit, die ihr zum Leidwesen der Lehrer völlig abging.

»Von mir aus«, sagte Tobias und Anja frohlockte innerlich. Sie liebte Tobias und Ida über alles, aber eine Vernissage mit einer Siebenjährigen war kein Vergnügen. Schon gar nicht, wenn der Partner wie bei dieser Ausstellung als Laudator fungierte und sich nicht um das Kind kümmern konnte.

»Okay, zur Belohnung dürft ihr euch aussuchen, wohin wir heute Nachmittag fahren.« Die Sonntage und freien Samstage waren stets gespickt mit Ausflügen, auch wenn Anja lieber auf der Couch liegen würde. Aber den ganzen Tag mit Ida zu Hause war auch nicht erholsam.

»Puppen gucken!«, ließ Ida als Erstes verlauten.

»Das sind keine Puppen, das ist Kunst«, korrigierte Oliver seine kleine Tochter. Jeder wusste jedoch, wohin es Ida zog. Nach Gevelsberg, wo in der ganzen Stadt witzige lebensgroße Figuren `55` standen.

Anja seufzte. Ihr letzter Besuch war noch nicht lange her. »Im Freilichtmuseum `56` gibt es eine tolle Ausstellung.«

»Ich habe gelesen, dass man in Schwelm Teile des Jakobswegs `57` freigelegt hat«, meinte Tobias. »Können wir uns den ansehen?«

Wenn Oliver jetzt noch mit seinem üblichen Wunsch kam, dem Henriette-Davidis-Haus `58` in Wetter einen Besuch abzustatten und das mit einem Besuch im Biergarten zu verbinden, konnten sie nur losen.

Doch Oliver verzichtete auf einen Ausflugsvorschlag. »Ich würde am liebsten auf der Couch bleiben.«

»Die Kinder dürfen entscheiden, aber das hat Zeit, bis wir wiederkommen.« Anja beendete die Diskussion und stand auf. »Wir sind dann weg, bis später.«

Zufrieden sah sie beim Betreten des Lichtfoyers zwischen dem Osthaus- und dem Emil-Schumacher-Museum, dass sowohl ihre Netzwerkkollegin Margarete Gernsheim anwesend war als auch Kommissar Gerd Neubert.

»Ich dachte, du wärest noch in Rummenohl«, begrüßte Anja Gerd Neubert.

Dieser lachte nur. »Warum in die Ferne schweifen, liegt das Gute doch so nah.«

Anja schaute ihn verständnislos an.

»Wo finde ich am Wochenende die Kulturprominenz?«, klärte Gerd Neubert sie auf. »Im Museum. Ich hoffe, dass ich hier herausfinde, was es mit dem Diebstahl auf sich hat. Bisher haben wir aus ermittlungstechnischen Gründen nichts an die Öffentlichkeit gegeben.«

Das hatte Anja bereits festgestellt, als sie am Abend zuvor im Internet nach dem Diebstahl gesucht hatte. Immerhin war es ihr gelungen, die beiden verschwundenen Bücher in einem Auktionsportal zu entdecken.

»Das haben wir ebenfalls festgestellt«, bestätigte Gerd Neubert, als sie ihm ihren Fund schilderte. »Es fanden sich sogar zwei Interessenten, bei denen hat sich der Verkäufer allerdings nie gemeldet.« Er beugte sich zu ihr vor und sah sich um. »Unter uns, bisher tappen wir ziemlich im Dunkeln. Wenn du eine Eingebung hast, nur her damit.«

Anja verzog das Gesicht. Seit sie ihn bei einem früheren Fall unterstützt hatte, verstanden sie sich so gut, dass er ihr die eine oder andere Insiderinformation weitergab. Zumal er mit ihrer Freundin liiert war und die beiden sich rein zufällig gelegentlich unterhielten, während Anja den Tisch abräumte oder den Hund kraulte.

»Hat euch das Auto denn nicht weitergebracht«, erkundigte sich Anja.

Ehe Gerd Neubert antworten konnte, klopfte Oliver auf das Mikrofon, um zu zeigen, dass die Veranstaltung begann.

»Welches Auto?«, wisperte Gerd, doch Anja konnte nichts mehr entgegnen, weil ihr Mann bereits mit seiner Einführung begann.

Während der Eröffnungsrede drängelte sich eine uniformierte Beamtin zu Gerd durch. Dieser schlich sich davon, ohne noch einmal mit Anja zu sprechen. Zu gerne wäre sie ihm gefolgt, stattdessen lauschte sie Olivers Vortrag, den sie bereits gelesen hatte, weshalb sie sich umso mehr ärgerte, dass sie Gerd nicht nachfahren konnte.

Als die Rede vorbei war, wurde Oliver vom OB in ein Gespräch verwickelt. Sie nutzte die Gunst der Stunde und sprach ihre Freundin Margarete an, die unter anderem für den Hohenhof verantwortlich war. »Stimmt es, dass bei euch Kunst gestohlen wurde?«

Margarete sah sie mit großen Augen an. »Woher weißt du das? Wir haben das nicht an die Öffentlichkeit gegeben, um eine Diskussion über Sicherheitsvorkehrungen und Kunstbesitz der Stadt zu verhindern.«

»Keine Sorge, ich sag's nicht weiter«, beruhigte Anja sie. »Mich interessiert nur, wie das geschehen ist.«

»Die Polizei hat uns schon ausgequetscht. Aber wir konnten nicht mehr sagen, als dass uns einige Tage vorher ein Mann aufgefallen war, weil er sich sehr intensiv für manche Kunstwerke interessierte. Ziemlich überheblich, in einem auffälligen und teuren Dress. Wirkte superseriös, bis sein Ärmel verrutschte und ein Tattoo freigab, das so gar nicht zu dem Anzug passte.«

»Eine Zahl, oder?«

Margarete starrte Anja an. »Woher weißt du das?«

Anja erzählte ihr den Hintergrund. »Ich hatte noch keine Zeit, herauszufinden, ob die Zahlen eine Bedeutung haben«, sagte sie.

»Das kann ich dir sagen. Wir haben das auch gegoogelt. Diese Zahlen sind eine Art Code. Es gibt eine Bande von Antiquitäten-Dieben, die sich anhand dieser Tätowierung überall auf der Welt erkennen und nicht gegenseitig bestehlen.«

Sachen gab es. Anja konnte das kaum glauben. »Und eine solche weltweite Gang ist in Hagen aktiv?«

Margarete wirkte beleidigt, als sie sagte: »Du unterschätzt den Wert des Hohenhofs für den Jugendstil. Die Villa gehört zu den berühmten Bauten der Welt-Architektur.«

Anja hob abwehrend die Hände. »Ich wollte nichts gegen die Villa sagen, aber komisch ist das schon, oder?«

»Da fragst du am besten die Polizei. Der habe ich schon den Tipp gegeben. Vielleicht findet man ja im Internet etwas über die.«

Das war genau die Aufgabe, mit der sich Anjas Freundin Silke Herbst Tag für Tag beschäftigte. Aufs Stichwort erschien sie neben ihnen.

»Habe ich da gerade Internet gehört?«, fragte sie, während sie Anja und Margarete zur Begrüßung umarmte.

Die beiden schilderten ihr, worüber sie gesprochen hatten.

»Das ist eine laufende Ermittlung, dazu kann ich echt nichts sagen.« Silke zog bedauernd die Schultern hoch.

Anja ärgerte sich, dass sie keine Gelegenheit gehabt hatte, Gerd zu begleiten, na ja, zu folgen. Sie hätte zu gerne gewusst, weshalb er plötzlich abberufen worden war. Doch das ließ sich nicht ändern.

»Sag mal, Maggi, wie sah denn der Typ mit dem Tattoo aus?«, erkundigte sie sich bei ihrer Freundin.

Margarete beschrieb ihr einen dürren, mittelalten Mann mit schütterem Haar, dessen einzige Auffälligkeit die Nummer am Handgelenk gewesen war.

Anja erkannte in der Beschreibung den Aushilfskellner wieder, der Pia nach einer Stunde im Stich gelassen hatte. Während ihre Freundinnen sich über die Kunstwerke unterhielten, versuchte sie sich an den Kellner zu erinnern. Sie ging in Gedanken den Empfang durch. Es gab kurze Reden, dann gingen die Servicekräfte mit Sekt und Orangensaft durch die Reihen. Der Mann mit dem Verband hatte einer der anderen Bedienungen etwas ins Ohr geflüstert. Einer jungen Frau.

»Ich muss mal eben etwas klären«, entschuldigte Anja sich bei den anderen Frauen.

Vor dem Museum zückte sie ihr Handy und rief Pia an. »Du, da war so eine kleine mollige Bedienung mit dunkelblonden Haaren«, sagte sie ohne Einleitung. »Kannst du mir sagen, wer das war?«

Pia seufzte. »Worum geht es eigentlich?«

»Das erzähle ich dir später, ich muss das unbedingt wissen.«

»Von Datenschutz hast du noch nichts gehört, oder?«, schimpfte Pia, doch Anja hörte, dass sie in Papieren kramen musste. »Ich bin gerade bei der Abrechnung. Und wenn du was anstellst, von mir hast du nichts erfahren!« Sie gab Anja eine Adresse in Breckerfeld durch.

Damit war klar, wohin sie heute Nachmittag fuhren, dachte Anja und steckte den Ausstellungsflyer, auf dem sie die Anschrift notiert hatte, und ihr Handy ein. Nun brauchte sie nur noch eine Idee, wie sie Oliver dazu brachte, bald hier aufzubrechen, um nach Breckerfeld zu fahren. Sie hatten ohnehin schon lange vorgehabt, sich die Stelle anzuschauen, wo im Winter eine Loipe `59` gespurt wurde.

Während sie mit ihren Freundinnen durch die Räume ging, sah Anja sich nach Oliver um. Endlich tauchte er hinter ihr auf und fragte: »Na, wie gefallen dir die Bilder?«

Als ob ihr danach der Sinn stand. Sie wollte nach Breckerfeld, um herauszufinden, ob sich dieser Ersatzkellner womöglich bei dieser pummeligen Bedienung aufhielt.

»Ich dachte, wir könnten später nach Breckerfeld fahren und uns die Loipe ansehen«, fing Anja an, als sie im Auto saßen.

»Jetzt gibt es keine Loipe«, entgegnete Oliver und schimpfte, weil die Ampel auf Rot sprang.

»Ich meine die Gegend, in der sich der Schlepplift befindet.«

»Wir wollten doch auf der Couch bleiben«, erinnerte Oliver sie an seinen Vorschlag.

»Die Kinder müssen mal raus und da können sie rumtoben. Und ich muss eine Lieferung wegbringen, die Bestellung kam gerade rein.« Anja war stolz darauf, dass ihr diese wunderbare Ausrede eingefallen war. Sie bot ihren Kunden an, Krimis über das Internet zu ordern. Wenn die auf Lager waren, lieferte sie diese gelegentlich sogar sonntags aus. Als Service, den ihr die Kunden mit großer Treue und vielen Empfehlungen dankten.

»Na gut.« Oliver parkte vor der Garage. »Aber einen Latte macchiato darf ich in Ruhe trinken, oder?«

Anja lachte. »Na gut, aber nur einen«, scherzte sie und hakte sich bei ihm unter, als sie ins Haus gingen. Noch stand ihr allerdings die schwere Aufgabe bevor, ihren Kindern die geänderten Pläne zu erklären.

Tobias und Ida war gleichgültig, wo sie ihren Pflichtsonntagsspaziergang verbrachten. »Ich guck nur schnell, ob es da Caches gibt«, erklärte Tobias, der mit seinen 22 Jahren nur seiner kleinen Schwester zuliebe mitfuhr, das wusste Anja genau.

Es dauerte nicht lange, da stand er mit seinem GPS-Gerät und einer Liste fürs Geocaching bereit.

»Am besten setze ich euch am Lift ab und bringe dann die Lieferung weg«, erklärte Anja, als sie den Parkplatz am Neuenloh erreicht hatten und Oliver, Tobias und Ida bereits halb ausgestiegen waren.

Ihr Mann sah sie an, als zweifle er an ihrem Verstand. Aber das konnte sie jetzt nicht ändern. Ihr Bauchgefühl sagte ihr, dass sie auf der richtigen Spur war und vielleicht würde sie den Fall sogar vor Gerd Neubert lösen.

»Ich rufe durch, wenn ich wieder hier bin«, rief Anja fröhlich und verschwand, ehe ihre Familie protestieren konnte.

Sie gab die Adresse, die Pia ihr gegeben hatte, in das Navigationsgerät ein, und stand wenig später vor einem Mehrparteienhaus. Auf den Klingelschildern fand sie den Namen der Bedienung und darunter einen anderen Namen, den sie bisher nicht gehört hatte.

Was sollte sie nun tun? Sie konnte schlecht klingeln und fragen: »Haben Sie den Hohenhof ausgeraubt?« Wenn die Anordnung der Klingelschilder mit der der

Wohnungen übereinstimmte, musste die Bedienung im Parterre wohnen.

Anja versuchte in die Fenster zu sehen. Doch durch die zugezogenen Vorhänge konnte sie lediglich Schemen ausmachen. Sie hoffte, dass sie auf der Rückseite des Hauses mehr Glück hatte, und nahm den schmalen Durchgang neben dem Gebäude.

Anja versuchte sich so ortskundig zu bewegen, als würde sie hier wohnen. Dennoch blickte sie alle paar Meter zurück. Einmal hatte sie das Gefühl, dass eine der Gardinen wackelte. Rasch ging sie weiter.

Auf dem Rasen hinter dem Haus war niemand zu sehen. Anja frohlockte, als sie bemerkte, dass die Fenster nicht verhängt waren.

Im ersten Zimmer flimmerte ein Bildschirm. Ein Mann mit einer Bierflasche in der Hand starrte darauf. Die Größe des Mannes konnte Anja nicht abschätzen, aber die Tätowierung am Handgelenk war deutlich zu sehen und das schüttere Haar ließ keinen Zweifel, dass es sich um den Ersatzkellner handelte.

»Richie!«, hörte sie eine Frauenstimme, der wenig später die kleine pummelige Bedienung mit einem Teller voller Brote in den Raum folgte.

»Wann läuft die Auktion aus?«, wollte sie wissen.

Anja konnte sie so gut verstehen, dass sie unversehens zurückzuckte. Erst jetzt fiel ihr auf, dass der schmale Flügel des Fensters offenstand.

»Heute um 20 Uhr«, antwortete der Mann und starrte weiterhin auf den Bildschirm.

Anja sah, dass er keinen Film betrachtete, sondern

eine Internetseite geöffnet hatte. Sie konnte nur wenig erkennen, aber das schien eines der Bücher zu sein, die im Hohenhof abhandengekommen waren.

Vorsichtig trat sie den Rückzug an. Als sie wieder auf der Straße stand, rief ihr eine Frau aus dem Fenster an der anderen Hausseite zu: »Was machen Sie hier? Verschwinden Sie!«

Auf dem Weg zum Auto zog sie ihr Handy aus der Tasche und wählte die Nummer von Gerd Neubert. Sie gab ihm die Adresse durch, an der sie sich befand.

»Die rechte Wohnung im Erdgeschoss«, erklärte sie. »Am besten bringst du gleich deine Garde mit. Ich fahre nach Epscheid und gehe eine Runde spazieren.«

Eine Stunde später klingelte ihr Handy, als sie gerade mit Tobias, Oliver und Ida neugierig die Schachtel öffnete, die ihr Sohn mithilfe des GPS-Empfängers gefunden hatte.

»Ich habe keine Ahnung, wie du den Typen gefunden hast«, hörte Anja. »Aber er hat gerade gestanden, dass er den Mann entführt hat und in der Munitionsfabrik festhielt. Er wollte ihn nicht umbringen, sondern lediglich für einen Tag aus dem Weg räumen, um Zugang zum Hohenhof zu bekommen. Dessen Auto hatte er im hohen Gras versteckt. Dass gerade er das Opfer wurde, war – auch wenn sich das blöd anhört – Zufall oder Pech, je nachdem, wie man das nennen möchte. Richie Vollmöller hat seine Freundin gefragt, welcher Kellner ihm am ähnlichsten sah. Er hat den Mann überwältigt, gefesselt und geknebelt und zusammen mit der Beute aus dem Raub in dem alten Haus versteckt. Als er sich um den Mann kümmern wollte, hat er einen Streifenwagen auf dem Gelände gesehen und sich später nicht mehr hingetraut. Ich habe das gecheckt, die Kollegen waren wegen einer anonymen Anzeige dort, die sich als haltlos erwies. Sie waren geschockt, als sie hörten, dass sie mit ihrem Einsatz indirekt einen Tod verursacht haben.«

Anja schüttelte sich. Sie dachte daran, wie der Mann in dem Haus gelegen hatte. Er musste erstickt, verhungert oder verdurstet sein. So genau wollte sie das gar nicht wissen.

Anja war froh, dass sie in der Schachtel lauter gefaltete Vögel fanden mit dem Hinweis, einen herauszunehmen und fliegen zu lassen. Ein schöner Abschluss eines aufregenden Wochenendes. In Gedanken widmete sie den Vogel, den Ida juchzend in die Luft warf, dem Toten.

FREIZEITTIPPS:

44 Das Wasserschloss Werdringen ist schon für sich genommen ein Hingucker, zu einem besonderen Ausflugsziel wird es durch das Museum für Ur- und Frühgeschichte, die Galerie und den Spazierweg entlang des Wassergrabens.

45 In einem Teil der Gebäude der früheren Blaudruckerei Elbers hat sich in den Hagener Elbershallen ein abwechslungsreiches Freizeitangebot entwickelt; vom Theater an der Volme bis zum großen Biergarten.

46 Als einzige mittelalterliche Höhenburg in Westfalen ist Schloss Hohenlimburg einen Besuch wert, dass es zudem einige Museen beherbergt und inmitten eines prachtvollen Schlossgartens liegt, macht es zu einem ganz besonderen Ausflugsziel.

47 Die Glörtalsperre ist vor allem für Naturliebhaber ein Anziehungspunkt, erlaubt sie doch einen Spaziergang durch das Grün und über die Staumauer.

48 Bei schönem Wetter lädt das Sterbecker Tal zum Wandern und zur Spurensuche ein. Dort befinden sich nämlich Gebäudereste einer ehemaligen Munitionsfabrik, die Anfang der 30er-Jahre stillgelegt wurde.

49 Auch Wasserfreunde kommen in Hagen auf ihre Kosten, bei einem Spaziergang am Hengsteysee oder dem Besuch des Freibads am Rand des Ruhrstausees, auf dem das Fahrgastschiff Freiherr vom Stein verkehrt.

50 Im Hagener Stadtmuseum und im Historischen Centrum laden wechselnde Ausstellungen ein, sich mit der Geschichte der Stadt zu beschäftigen. Ein besonderes Highlight ist der Eiserne Schmied im Foyer, ein 100 Jahre alter, überlebensgroßer Nagelmann.

51 Einmal im Jahr entführt das Welttheater der Straße in Schwerte die Besucher aus nah und fern in andere Sphären.

52 In den Sommerferien gehört der Besuch des Muschelsalats an der Konzertmuschel zu einem Muss für Hagener und Besucher, denn dann spielen dort Musiker aus aller Welt auf.

53 In seinen 100 Jahren hat der Hohenhof in Hagen bereits einiges erlebt, dennoch sind die Jugendstil-Architektur und ein Teil der Inneneinrichtung von Henry van de Velde erhalten geblieben. Heute zählt die Villa zu den berühmten Bauten der Welt-Architektur.

54 Vor 100 Jahren zählte Hagen zu den Kulturmetropolen Europas und noch heute können die Ausstellungen im Osthausmuseum und Emil-Schumacher-Museum mit denen großer Städte mithalten.

55 Beim Besuch in Gevelsberg lohnt es sich, die Augen offenzuhalten, weil an jeder Ecke einer der liebenswerten »Alltagsmenschen« von Christel Lechner warten kann.

56 Wer gern durch die Zeit reist, sollte einen Besuch im Freilichtmuseum in Hagen nicht verpassen. Als einziges Museum in Europa widmet es sich der Handwerks- und Technikgeschichte vom 18. Jahrhundert bis heute.

57 Wer gern einmal auf dem historisch belegten Jakobsweg gehen will, dem sei ein Ausflug nach Schwelm empfohlen, wo heute wieder ein Pilgerweg auf historischen Pfaden möglich ist.

58 Das Henriette-Davidis-Haus in Wetter-Wengern am Rand der Elbsche gelegen lädt ein, die Geschichte der ersten und berühmtesten Verfasserin von Kochbüchern kennenzulernen.

59 Selbst für die Wintersportler hält das Ruhrgebiet bei passendem Wetter ein Angebot bereit, die zehn Kilometer lange Loipe und den Schlepplift in Breckerfeld.

DORTMUND –
DIE MEISTER IM BLICK

Hey, Leute,

bin gerade auf Tour zu einem megacoolen Gig in Dortmund.

Habe gerade noch Spritty gefüttert und ab geht's. Pläne sind ja sonst nicht so mein Ding, aber dieses Mal habe ich mir echt eine Liste gemacht, was ich immer schon sehen wollte. Der nächste Auftritt ist nämlich erst in einer Woche bei mir zu Hause, da kann ich ein paar Tage hierbleiben. Ich hab sogar noch eine Karte fürs Westfalenstadion **60** *am Samstag gekriegt. Ich weiß, das heißt schon lange nicht mehr so, aber wer nennt das Teil denn beim richtigen Namen außer Sportkommentatoren. Spritty hat sich gewünscht, dass wir an dem Automobil-Museum* **61** *vorbeifahren. Ich bin ja nicht sicher, ob die Idee so gut ist. Hinterher springt er vor lauter Frust nicht an, weil er selbst nicht so geil aussieht wie die Karren dort. Aber jetzt muss ich erst mal den Weg zum Phoenix-See* **62** *finden. Ich wollte eigentlich am Alten Hafenamt* **63** *übernachten, aber das war mir dann doch zu stressig. Dumdum hat mir den See empfohlen. Dass es da wirklich Wasser gibt, musste ich ihm erst aus der Nase ziehen, weil er nur von Ausgrabungen* **64** *gelabert hat, die er dort besucht hat. Kein*

Wunder, dass der keine Frau findet mit seinem Tick für uralte Mauern.

Auf geht's. Melde mich.

Kempi

»Und wie stellt ihr sicher, dass es beim Derby keine Ausschreitungen gibt?« Sportreporterin Edona Ricci meldete sich als Erste bei der Pressekonferenz vor dem Hinspiel zwischen Schalke und dem BVB zu Wort.

Zwei Männer hinter ihr lachten. »Und wovon träumst du nachts?«, meinte einer und zu seinem Nebenmann gewandt: »Ich sag's doch, Frauen und Fußball, das geht gar nicht.«

Edona Ricci beachtete sie nicht. Sie warf ihren schwarz-gelben Schal nach hinten und blickte zum Podium, wo Fan-Betreuer Axel Breuer ihren Präventionsplan erklärte.

»Ein Derby ohne Klopperei ist doch nur eine halbe Sache! Spart euer Gelaber lieber für andere Sachen auf«, warf der Mann hinter Edona ein.

»Darf ich fragen, von welchem Medium Sie kommen?«, erkundigte sich der Delegierte der Polizei auf dem Podium.

»Ich hab einen Blog«, antwortete der Mann. »Was dagegen?«

Auf dem Podium wurde getuschelt. Der Pressesprecher schob die Liste der Medienvertreter über den Tisch. Der Polizeivertreter markierte einen Namen. Die Journalisten beobachteten gespannt, wie es weiterging.

Edona holte ihr Aufnahmegerät aus der Tasche, um nichts zu verpassen.

»Sonst noch Fragen?«, ergriff der Pressesprecher wieder das Wort, ohne auf die Einwürfe von Edonas Hintermann einzugehen.

Ehe sich jemand melden oder eine Frage in den Raum werfen konnte, sagte er: »Dann bedanke ich mich für Ihr Kommen und hoffe, dass Sie morgen Positives berichten können.«

Edona stand langsam auf.

Die Männer hinter ihr stießen beim Aufstehen den Stuhl zurück, ohne darauf zu achten, dass ein Kollege rief: »Aua. Passt doch auf!«

Sie ging nach vorn, um Fan-Betreuer Axel Breuer und den Trainer des BVB um einen O-Ton zu bitten. Am Rande bekam sie mit, wie sich der Pressesprecher mit dem Vertreter der Polizei austauschte: »Die beiden haben gültige Presseausweise. Ich hatte keine Möglichkeit, sie auszuschließen, auch wenn in ihren Blogs klar wird, dass die auf Randale aus sind, wo immer sie auftauchen.«

Edona notierte sich die Information, während sie darauf wartete, dass Axel Breuer Zeit für ein Interview hatte. Sie musste eine halbe Stunde ausharren, weil die Kollegen der anderen Sender schneller vorn gewesen waren oder das Interview früher angemeldet hatten. Sie beobachtete den Fan-Betreuer, der wie immer in seinem verwaschenen BVB-Trikot angetreten war, von dem keiner so recht wusste, wie alt es wirklich war. Bekannt war lediglich, dass Axel Breuer das T-Shirt ausschließlich mit der Hand wusch und auch das nur an warmen Tagen.

»Meist greife ich auf ein altes Mittel meiner Oma zurück«, erklärte er Edona wenig später in ihr Mikrofon. »Mit Wasser einsprühen, aufhängen und trocknen lassen.«

Edona schnupperte unauffällig, als er das sagte. Axel Breuer roch nicht verschwitzt, aber das wäre auch nur ihr aufgefallen, sicher nicht den BVB-Fans, mit denen er es sonst zu tun hatte.

Oh Mann, Leute, ich mache keinen Schritt mehr vor die Tür, das sag ich euch. Ich lasse mir einen Tunnel von Spritty zum Backstage-Bereich basteln, damit ich nicht mitkriege, was draußen los ist.

Ehrlich! Nachdem ich ein wenig am Phoenix-See gepoft habe, war es Zeit, die Location im Westfalenpark 65 *zu checken, wo unser Gig stattfindet.*

Als Erstes hat mein Navi schlapp gemacht und ich wäre fast in Unna gelandet. Nicht, dass ich nicht Bock gehabt hätte, mal wieder das Zentrum für Lichtkunst 66 *zu besuchen, wo wir vor einiger Zeit einen geilen Auftritt hatten. Aber Luna, Malte und Dumdum warteten. Ich habe also gewendet und bin zum Stadion gefahren. Die Richtung war auch nicht schlecht. Ich konnte den Fernsehturm* 67 *schon sehen, als ich durch Barop fuhr und Spritty kurz hinter den Fachwerkhäusern* 68 *laut aufschrie. So hörte sich das an, ganz sicher. Ein Schrei und Ruhe.*

Kein Mensch weit und breit, der Akku meines Smartphones natürlich wieder einmal leer. Ich habe versucht, Spritty von der Straße zu schieben. Als das nicht klappte, habe ich das Warndreieck unter meinen Schlafsachen hervorgekramt und aufgestellt. Dann bin ich losgelaufen. »Immer dem Florian nach«, hat mir eine alte Frau erklärt. Für Ortsfremde, Florian nennen die Leute hier den Fernsehturm. Zu ihrer Zeit gab es vielleicht einen Trampelpfad oder einen Pferdeweg zum Westfalenpark. Ich habe nur Felder gesehen. Wehe, mir sagt noch mal jemand, das Ruhrgebiet wäre grau und voller Straßen. Den fahre ich höchstpersönlich in die Außenbezirke von Dortmund und setze ihn dort aus. Vorausgesetzt Spritty ist dann wieder in Ordnung. Jetzt steht er in der Werkstatt und ich bin in dem schicken Wohnmobil von Dumdum untergekrochen, um mich zu beruhigen.

Dass Spritty den Geist aufgegeben hat, war noch das kleinste Übel meines heutigen Tages. Auf dem Fußweg zum Westfalenpark bin ich über einen Bayern gestolpert. Ja! Gestolpert! Der lag mitten im Feld. Und dass er Bayer war, weiß ich nicht deshalb, weil er bayrisch sprach oder eine Lederhose trug, sondern weil er ein Bayern-Trikot trug. Mitten im Pott. Ganz schön mutig. Da muss er sich nicht wundern, wenn er das nicht überlebt. Hat er auch nicht. Also nicht überlebt. Lag da mit einer roten Kette um den Hals. Ich dachte wenigstens im ersten Augenblick, das wäre eine Kette. In Wirklichkeit war das ein Würgestreifen. Das habe ich am Rande mitgekriegt, als sich die Bullen unterhielten. Übrigens, die gleichen, die mir schon in Hamm über den Weg gelaufen sind. Fragt mich nicht, warum. Dieser Bernd Göllner schien jedenfalls wenig begeistert, als er mich traf. Gut, ich hab mich auch nicht besonders gefreut, ihn wiederzusehen.

So, muss los! Luna hat schon zweimal geklopft, damit ich zum Soundcheck komme. Die spielt sich immer mehr als Chefin auf. Fuck! Echt anstrengend.

CU, Kempi

»Das ist doch merkwürdig, dass dieser Musiker wieder einen Toten findet, meint ihr nicht auch?«, begann Bernd Göllner die Morgen-Besprechung am Tag, nachdem er mit seinen Kollegen zu einem Tatort gerufen worden war.

»Komisch ist das schon«, fand auch seine Kollegin Svenja Oertel. »Aber beim letzten Fall hat er uns am Ende den entscheidenden Tipp gegeben.«

»Und jetzt hätte er einfach weitergehen können, dann hätte niemand gemerkt, dass er den Toten gesehen hat«, warf ihr Kollege Volker Meiners ein. »Immerhin ist er zurück nach Barop gelaufen, um uns zu rufen, weil der Akku seines Handys leer war. Das habe ich übrigens gecheckt.«

»Trotzdem, merkwürdig.« Bernd Göllner ließ sich nicht beirren. »Hoffentlich mischt er sich nicht wieder ein. Der hatte so ein Glitzern in den Augen, als wollte er sich gleich auf Tätersuche begeben.«

»Herr Göllner, nun vergessen Sie mal Ihren Frust. Beschäftigen Sie sich lieber mit dem aktuellen Fall. Wie weit sind Sie da denn gekommen?«

Bernd Göllner verzog das Gesicht. Er hasste es, wenn sein Vorgesetzter sich in die Besprechung einmischte. Er war der Leiter des Ermittlungsteams, sein Chef kam nur dazu, wenn er Zeit hatte. »Um auf dem Laufenden zu bleiben«, wie er zu sagen pflegte. Bernd kam es eher vor, als wollte er ihn kontrollieren.

»Der Tote heißt Axel Breuer, war 48 Jahre alt und Fan-Betreuer beim BVB«, erklärte Bernd Göllner und gab sich Mühe, bestimmt zu klingen, um seine Rolle zu unterstreichen.

»Vom BVB? Ich denke, er hatte ein Bayern-Trikot an«, unterbrach sein Chef ihn.

Bernd Göllner warf ihm einen Blick zu. »Ich wollte erst einmal kurz festhalten, mit wem wir es zu tun haben. Axel Breuer war verheiratet und hatte zwei Kinder im Alter von acht und zwölf Jahren.«

»Seine Frau ist zusammengebrochen, als wir ihr die Nachricht überbracht haben.«

Bernd zog die Augenbrauen hoch. Wieso konnte ihn eigentlich niemand ausreden lassen? Er riss sich zusammen. »Danke, Svenja, darauf wäre ich auch noch zu sprechen gekommen. Nun erst die Fakten zum Auffindeort. Axel Breuer lag in einem abgeernteten Getreidefeld am Rand von Barop. Zu dem Zeitpunkt trug er Jeans, ein Trikot des FC Bayern und keine Jacke, was bei den sommerlichen Temperaturen wenig verwunderlich ist.«

»Außergewöhnlich ist nur, dass er kein Handy bei sich trug«, mischte sich der Kollege der Spurensicherung ein. »Wer geht heute noch ohne Handy aus dem Haus?«

Bernd ärgerte sich über die erneute Störung, beschloss aber, diese einfach in seinen Vortrag einzubinden, sonst kamen sie nie voran. »Sowohl seine Frau als auch seine Kollegen haben erklärt, dass das Opfer immer sein

Mobiltelefon bei sich trug, weil er darüber mit den Fans in Kontakt war, die ihm zum Teil Tipps gegeben haben, wenn irgendwo mit Übergriffen zu rechnen war.«

»Das heißt, in dem Handy waren die Nummern vieler Fans, auch die von eventuell gewaltbereiten?«, erkundigte sich Bernds Vorgesetzter. »Könnte da nicht ein Motiv liegen?«

Bernd Göllner seufzte. »Ja, das Motiv, das ist ein heikler Punkt. Ich habe das Gefühl, es wimmelt nur so von Motiven. Klar, könnte jemand Interesse an den Nummern haben, es kann aber auch sein, dass einer der Ultras oder ein Hooligan die Nase voll von dem Sozialarbeiter hatte. Davon geht die Frau des Toten aus.«

»Und was ist mit ihr? Hat sie einen Grund, ihren Mann umzubringen?«

Langsam ging Bernd Göllner die Einmischung seines Chefs auf die Nerven. Er sehnte den Sommer zurück, als dieser vier Monate Elternzeit genommen hatte.

Er zog die Schultern hoch. »Bisher deutet nichts darauf hin. Sie war wirklich fertig, als wir ihr die Nachricht überbracht haben. Außerdem. Warum sollte sie ihren Mann 15 Kilometer durch Dortmund fahren? Die Familie wohnt in einem der alten Zechenhäuschen in der Nähe der Zeche Zollern **69**, wo die Frau auch arbeitet. Da hätte es andere Möglichkeiten gegeben, die Leiche verschwinden zu lassen.«

»Die Kokerei Hansa **70** zum Beispiel.«

Bernd Göllner seufzte, als sein Chef zu einem der Vorträge über Dortmunder Industriegeschichte anhob, die er in jede Besprechung einbrachte.

»Ich finde ja, wir sollten uns mit den Trikots beschäftigen«, unterbrach Svenja Oertel den Monolog des Vorgesetzten.

Bernd Göllner grinste und war gespannt, was passierte. Svenja Oertel war neu im Team. Er hatte sie nach ihrem Einsatz in Hamm angefordert, weil sie forsch und charmant an die Sache ranging.

Auch sein Vorgesetzter erlag ihrem Charme und meinte nur: »Nun hätte ich vor lauter Begeisterung über meine Stadt fast die Arbeit vergessen. Was hat es denn mit dem Trikot auf sich?« Er sah zwar Svenja an, doch Bernd Göllner war nicht bereit, sich die Moderation aus der Hand nehmen zu lassen.

»Heute ist Revierderby. Dortmund gegen Schalke, da passt ein Bayern-Trikot überhaupt nicht. Und es gab unabhängig davon keinen Grund, warum der Fan-Betreuer des BVB sich spätabends in einem Trikot rumtreiben sollte. Und schon gar nicht in dem der Bayern.«

Erleichtert sah Bernd Göllner, dass sein Vorgesetzter sich nach einem Blick auf die Uhr erhob. »Ich sehe schon, Sie haben viel Arbeit vor sich. Dann will ich nicht weiter stören. Falls mich jemand von der Presse fragt, weiß ich ja jetzt, was ich sagen kann.«

Bernd Göllner seufzte innerlich. Lieber wäre es ihm, er könnte selbst der Presse die Informationen geben. Aber das ließ sein Vorgesetzter sich nicht nehmen. Ihm blieb nur die Ermittlungsleitung.

»Wie weit seid ihr mit euren Ergebnissen?«, fragte er den Gerichtsmediziner, der sofort begann, mit unverständlichen Worten zu erklären, was jeder auf dem Bild sehen konnte: Axel Breuer war mit einem Schal erwürgt worden. »Da brauchte man schon einige Kraft, um den so lange zuzuziehen, bis das Opfer tot ist.«

»Sag ich doch. Einer der Hooligans«, schloss Bernd Göllner zufrieden. »Ich möchte, dass ihr die Listen, die wir vom BVB bekommen haben, durchgeht. Alibis, Beziehungen, Motive.« Er klatschte in die Hände, eine Geste, die er von seinem Lateinlehrer übernommen hatte. Seine Mitarbeiter standen langsam auf und unterhielten sich leise. Bernd Göllner ergriff seine Aktenmappe und beschloss, Sven Kempelmann als Ersten ausführlicher zu befragen.

Leute, ihr glaubt es nicht. Ich war heute Morgen gerade wach geworden, da trommelt einer an Sprittys Tür. Ich dachte, das wären Dumdum oder Malte und wollte schon öffnen, aber dann habe ich erst mal rausgeguckt. Mein Glück. Stand da doch tatsächlich dieser Null-Checker-Kommissar.

»Herr Kempelmann, hier ist Bernd Göllner von der Kripo, ich müsste Sie noch einmal sprechen«, brüllte der, als wäre ich schwerhörig. Ich bin sicher, er war in jeder Ecke des Parkplatzes zu hören. Am liebsten hätte ich die Tür nicht geöffnet. Aber er lief um Spritty herum und klopfte wie blöd an das Fahrzeug. Das wollte ich Spritty nicht antun. Ich war ja froh, dass er nach seiner Panne wieder auf dem Damm war.

Also bin ich schnell in meine Jeans gestiegen und habe ihm geöffnet.

»Guten Morgen, Herr Kempelmann, darf ich sie zu einem Morgenkaffee einladen?«, begrüßte mich der Kommissar.

Unter uns, ich hatte ja das eine oder andere Mal mit den Bullen zu tun. Aber wenn die mir so kommen, schrillen bei mir alle Alarmlampen. Andererseits hatte ich nichts gegen ein ordentliches Frühstück. Und in den Bulli wollte ich ihn nicht einladen.

»Klaro.« Ich kletterte aus dem Wagen und ging mit ihm zu einem Café, von dem man auf den Phoenix-See gucken konnte.

»Was machen Sie, wenn Sie keine Konzerte haben?«, wollte der Kommissar wissen, als Kaffee und Frühstück für mich serviert worden waren.

»Konzerte planen, Artikel schreiben, bloggen, schlafen, ficken, was man halt so macht.«

Der Typ zuckte nicht mit der Wimper, das fand ich schon beachtlich.

»Und Sie sind immer unterwegs?«, fragte er nur. »Auch mal in Bayern oder in anderen Regionen des Ruhrgebiets, Gelsenkirchen zum Beispiel?«

Zuerst habe ich gar nicht kapiert, was er von mir wollte. »Kann es sein, dass Sie immer da sind, wo sich Ihre Freunde aufhalten?«, meinte er dann.

Ich habe den nur angestarrt. »Wir sind eine Band, ey, ohne meine Freunde wird aus dem Auftritt nichts.«

»Ich meine, Ihre Fußballfreunde«, rückte er dann heraus. »Die Hardcore-Fans, die nicht davor zurückschrecken, Gewalt gegen andere Fans anzuwenden.«

Ich war kurz davor, dem mein Brötchen ins Gesicht zu

knallen. »Sie meinen Hooligans und so? Haben Sie mal unsere Musik gehört, dann wüssten Sie, dass wir damit nichts am Hut haben.«

»Wie kommt es dann, dass Sie immer dort Konzerte haben, wo der BVB gerade spielt?«

Ehrlich, Leute, davon hatte ich keine Ahnung. Bis zu dem Moment war mir noch nie aufgefallen, dass wir oft da einen Gig bekommen, wo unsere Jungs kicken.

»Das ist sicher Zufall.« Ich fand selbst, dass die Antwort lahm klang, aber was sollte ich sonst sagen? Ich musste zuerst mal checken, ob der Typ recht hatte. Für die Tourplanung war Dumdum zuständig. Aber er ist ein absoluter Fan des FC Bayern. Na gut, er kommt nicht aus dem Pott, da kann es passieren, dass man aufs falsche Pferd setzt.

Ich beeilte mich, mein Frühstück zu verputzen, und versuchte, dem Kommissar derweilen ein paar Infos aus der Nase zu ziehen. Mehr als das, was ich geahnt hatte, dass mein Toter erwürgt wurde, hat er nicht rausgerückt. Nur dass er Fan-Betreuer beim BVB war. Komisch, dass er dann ein Bayern-Trikot trug. Ich war froh, als der Typ sich vom Acker machte. Jetzt suche ich Dumdum.

CU, Kempi

Von dem Frühstück mit Sven Kempelmann fuhr Bernd Göllner zum BVB, um mehr über die Arbeit des Toten zu erfahren. Bisher deutete alles darauf hin, dass Axel Breuer Opfer eines gewalttätigen Fußballfans geworden war.

Die Fasern, die an seinem Kragen und an seinem Hals gefunden wurden, waren schwarz. Die Kollegen versuchten zwar herauszufinden, von welchem Hersteller sie stammten, aber es würde noch dauern, bis die ersten Ergebnisse vorlagen. Sie hatten einige schwarze Schals als Vergleichsprobe gekauft. Aber wer sagte, dass der Schal neu war. Auf diese Spur mochte sich Göllner nicht verlassen.

»Kommissar Bernd Göllner«, stellte er sich der Frau vor, die ihn in den Räumen des Fan-Projekts Dortmund in Empfang nahm. »Ich ermittle im Fall Ihres verstorbenen Kollegen Axel Breuer.«

Die Frau nickte. »Ich kann noch immer nicht glauben, was passiert ist.«

»Wir müssen davon ausgehen, dass der Täter aus der radikalen Fan-Szene kommt. Ich würde gerne mehr darüber erfahren«, erklärte Bernd Göllner sein plötzliches Erscheinen.

»Kommen Sie doch mit«, bat die Frau. »Wir haben gerade ein Meeting wegen des heutigen Spiels.« Sie schluckte. »Ja, wir müssen weitermachen trotz Axels Tod. Es wird nicht lange dauern, dann stehen die ersten Schalke-Fans auf dem Bahnhof.«

»Was genau ist Ihre Aufgabe?« Bernd Göllner nickte den Männern zu, die ihn von einem Besprechungstisch aus ansahen, nachdem ihre Kollegin ihn und sein Anliegen vorgestellt hatte.

»Ein Teil unserer Arbeit«, antwortete einer der Männer. »Wir betreuen alle Fans, die Fragen oder Wünsche haben. Aber beim Revierderby sind wir besonders gefordert, weil wir wissen, dass es immer BVB- oder Schalke-Fans gibt, die ausflippen.«

»Wir gehen davon aus, dass Axel Breuers Tod im Zusammenhang mit seiner Arbeit steht«, erklärte Bernd Göllner. »Haben Sie einen Verdacht, wer ihn getötet haben könnte?« Er sah, wie die Mitarbeiter des Fan-Projekts schluckten, und konnte sie verstehen. Wenn es einen von ihnen traf, konnte jeder der Nächste sein.

»Ich verstehe das nicht.« Die Frau brach als Erste das Schweigen. »Axel verstand sich super mit den Fans und hat sogar schon den einen oder anderen davon weggebracht, gewalttätig zu werden. Kann es nicht sein, dass er zufällig am falschen Ort war?«

Bernd Göllner schüttelte den Kopf. »Das ist unwahrscheinlich. Der Ort, an dem er gefunden wurde, war uneinsehbar. Alles deutet darauf hin, dass er dorthin gelockt oder gebracht wurde.« Er überlegte kurz, ob er es riskieren konnte, das wichtigste Detail bekannt zu geben. Aber man konnte Sven Kempelmann nicht zwingen, darüber zu schweigen, also konnte er es ebenso gut wenigstens hier verraten. »Ein Anzeichen dafür, dass er gemeint war und niemand anders, ist, dass er ein Trikot des FC Bayern trug.«

Einer der Männer pfiff leise. »Für manche wäre das ein Mordmotiv.«

»Komisch«, sagte die Frau. »Ich weiß doch genau, dass er gestern zur Pressekonferenz sein legendäres BVB-Trikot getragen hat. Das hätte er niemals abgegeben. Und ganz sicher hätte er freiwillig keins der Bayern getragen. Der hat die Leidenschaft für den BVB doch mit der Muttermilch aufgesogen.«

Einige andere nickten. »Niemals hätte der ein Bayern-Trikot angezogen.«

»Es sei denn, man hätte ihm viel Geld dafür geboten«, warf einer der Männer ein. »In der letzten Zeit war bei ihm ziemlich Ebbe in der Kasse, seit er das Häuschen gekauft hat.«

Bernd Göllner speicherte die Information ab. Vielleicht konnte sie ihm noch weiterhelfen.

»Können Sie mir eine Liste der Fans geben, mit denen Axel Breuer in Kontakt stand? «, bat er.

»Die Namen haben wir, von manchen auch die Adressen, aber mehr nicht«, sie stockte. »Aber in Axels Handy müssten die Nummern sein. Er hat darum immer ein großes Geheimnis gemacht. Vor allem wegen der Namen der Hools. Manche haben ihn vorher informiert, wenn die was planten.«

Bernd Göllner überlegte, ob er preisgeben konnte, dass eben jenes Handy verschwunden war. »Waren Ihre Nummern in dem Telefon auch gespeichert?«

»Klar, unsere Handynummern, damit wir uns schnell informieren können«, antwortete einer der Männer.

»Dann würde ich Sie bitten, in der nächsten Zeit besonders achtsam zu sein«, erklärte der Kommissar. »Das Handy ist nämlich verschwunden und im Moment müssen wir noch davon ausgehen, dass es in der Hand des Täters ist und vielleicht sogar das Motiv für die Tat. Wer weiß, vielleicht hat er es auch auf Sie abgesehen.«

Mann, war ich froh, als ich Dumdum endlich gefunden hatte. Das hat ewig gedauert, weil er in der Salzgrotte **71** *war und sein Handy ausgeschaltet hatte. Ein bisschen durchgeknallt ist er schon. Erst diese Ausgrabungen, dann die Salzgrotte. Erreicht habe ich ihn dann – voll crazy – in einer Ausstellung über Arbeit* **72** *. Ausgerechnet ihn, den King of Nicht-Arbeiten. Er meinte, er wollte mal sehen, ob er vielleicht einen Beruf verpasst hat bei all den Arbeitsversuchen, die er hinter sich hat. Wobei wir uns echt nicht beklagen können. Für die Wildscheine tut der echt alles. Auch die Tour planen.*

»Wonach soll ich die Locations sonst auswählen?«, war seine Antwort auf meine vorsichtige Frage, wieso unsere Gigs immer dort stattfanden, wo der BVB spielte. »Du kümmerst dich ja nicht und die Welt ist groß.« Das ist Dumdum, immer schön pragmatisch und ansonsten hinter dem Schlagzeug.

»Okay, das war nicht so leicht, weil manche meinten, das gäbe nur Ärger, wenn rund um das BVB-Spiel eine Band aus Dortmund spielte. Aber manche fanden das auch cool und haben das ausgeschlachtet.«

Ich hatte sowieso nie ernsthaft geglaubt, dass Dumdum den Dortmunder umgebracht hat, aber ich war doch sehr beruhigt, als er mir erzählte, dass er am Abend eine Braut abgeschleppt hat. Die hatte ihn auch in die Salzgrotte geschleift, weil sie dort arbeitete.

Danach habe ich mich ein wenig im Internet umgeguckt, um zu sehen, ob ich dort mehr über den Toten erfahren konnte, als der Bulle rausrückte.

Auf einer Fan-Seite fand ich den Namen des Toten.

Axel Breuer. Fan-Betreuer beim BVB und Besitzer des ältesten BVB-Trikots ever. Wahnsinn, ein Trikot aus den Anfangstagen des Vereins, das er von seinem Großvater geerbt hat. Ohne Sponsoren-Werbung, ohne Logo, einfach nur eine 12 drauf. Auf einer Seite mit Fan-Klamotten für Sammler fand ich das gleiche T-Shirt für 100.000 Euro angeboten. Ich muss zu Hause direkt im Keller gucken, was da rumliegt.

Wenn ich sehe, wie viele Leute das Angebot kommentiert haben und versucht haben, den Verkäufer runterzuhandeln. Mit alten Klamotten kannst du echt viel verdienen. Jetzt mache ich mich erst mal auf zum Spiel.

Bis später, Kempi

»Könnt ihr inzwischen sagen, wo Axel Breuer gestorben ist?« Mit der Frage begann Bernd Göllner die morgendliche Besprechungsrunde. Am Sonntag waren ein paar Kollegen im Wochenende und zur Erleichterung des Kommissars fehlte sein Chef in der Runde.

»Es deutet alles darauf hin, dass der Tote wirklich da auf dem Feldweg umkam, wo wir ihn gefunden haben«, vermeldete der Vertreter der Spurensicherung. »Und wir können inzwischen mit ziemlicher Sicherheit sagen, dass der Schal, mit dem er erdrosselt wurde, ein Fan-Schal des BVB war.«

Bernd Göllner schüttelte sich. Es war weniger die Vorstellung, dass der Tote mit einem Fan-Schal umgebracht worden war, die ein mulmiges Gefühl hervorrief, sondern der Gedanke, dass ein BVB-Fan womöglich mit der Mordwaffe bei dem Spiel am Vortag neben ihm auf der Tribüne gestanden hatte.

»Na super, jeder BVB-Fan hat doch einen Schal zu Hause. Wie sollen wir die alle überprüfen? Mir haben die Typen gereicht, die auf der Sonderliste standen.« Die Kollegen seufzten. Das war auch wirklich kein Zuckerschlecken gewesen, die gewaltbereiten Fans auszumachen und zu verhören – wenige Stunden vor dem Derby.

»Das sagt doch keiner«, gab Bernd Göllner giftig zurück. »Aber wir müssen irgendwie weiterkommen. Hat die Befragung gestern etwas ergeben?« Er sah in die Runde.

Ein Kollege nach dem anderen schüttelte den Kopf.

»Ich wollte den Typen zwar nicht im Dunkeln begegnen, aber da war keiner, bei dem ich einen konkreten Anhaltspunkt finden konnte«, meinte einer und grinste. »Manche haben am Tatabend zu Hause auf der Couch gesessen. Einer war sogar Kegeln.«

Das passte zu dem, was die Fan-Betreuer ihm erzählt hatten, dass es eine kleine Gruppe extrem gewaltbereiter Fans gab, die meisten aber friedlich waren und allenfalls aus der Situation heraus und im Sog der Gruppe gewalttätig wurden.

»Ich habe noch einmal mit der Ehefrau gesprochen. Axel Breuer hatte sich ziemlich verschuldet, um das Zechenhaus zu kaufen. Die Familie hat jeden Cent zweimal umgedreht und versucht, alles zu Geld zu machen, was sich verkaufen ließ. Sogar seine Harley hat er vertickt.«

»Dann musste es ihm aber echt dreckig gehen«, rutschte einem Kollegen heraus. Die anderen lachten. »Du und deine Harley.«

»Ehrlich, ich würde mich eher von meinem Metallica-Autogramm trennen als von meiner Harley.«

»Nicht jeder hat ein wertvolles Autogramm in der Schublade, für das ihm ein Spinner 20 Mille geboten hat.«

»Wartet mal, da fällt mir etwas ein.« Svenja Oertel wischte über das Tablet, das vor ihr auf dem Tisch lag. »Ich habe da etwas gesehen, als ich geprüft habe, was man im Netz über Axel Breuer findet.« Sie zog das Beamer-Kabel zu sich heran und schloss das Tablet an. »Hier. Axel Breuer hatte zwar kein wertvolles Autogramm, aber das hier.«

Die Kollegen starrten verblüfft auf den Blogbeitrag, den Svenja an die Wand warf. Ehe einer etwas sagen konnte, klingelte das Handy von Bernd Göllner. »Wir kommen«, war alles, was er sagte, dann legte er auf und bat Svenja Oertel und den Vertreter der Spurensicherung, ihn zu begleiten.

Manchmal frage ich mich, wer mir das immer einbrockt. Als ich heute aufwachte, hatte ich die saublöde Idee, noch einmal mit Spritty dort hinzufahren, wo ich diesen Axel Breuer gefunden hatte. Das war nicht leicht, weil ich mich beim letzten Mal verfahren habe und nur zufällig dort gelandet bin. Ich bin also ein bisschen herumgegurkt, da sah ich zufällig am Rand zwischen Maiskolben Papierschnipsel. Sagte ich schon, dass ich für die

Website unserer Band Wildscheine Wildscheine sammele? Okay, einen Wildschein, also einen Geldschein, habe ich bisher noch nirgends gefunden. Aber wenn irgendwo völlig deplatziert Blätter herumliegen, fotografiere ich die und stelle die auf unsere Seite. Kommt bei Facebook immer gut.

Ich stelle also Spritty am Straßenrand ab und latsche mit meiner Kamera los. Nach den ersten vier, fünf Bildern wäre ich fast hingeflogen, weil ich über ein Handy gestolpert bin. Sagt nichts! Hättet ihr das Handy gesehen, wüsstet ihr, warum der Besitzer es loswerden wollte. Das war eins von den ersten Ein-Euro-Handys. Keine Kamera, kein Internet. Immerhin ein Speicher voller Nummern. Ich meine, ein Gutes hatten diese Dinger ja. Die Akkuleistung war spitze. Die konntest du eine Woche in die Ecke legen und anschließend immer noch telefonieren.

Natürlich hab ich es gleich probiert. Es funzte noch. Ich habe nirgendwo angerufen. Nur mal geschaut, ob es eingeschaltet ist und der Akku okay ist. Noch einen Vorteil hatten diese alten Dinger übrigens. Du konntest schnell checken, wem das Handy gehörte, weil die meisten ihren Namen eingegeben haben und das glaubt ihr mir nicht. Diesem Axel Breuer.

Als mir das klar wurde, habe ich dann doch mal in die Liste der letzten aus- und eingehenden Telefonate geguckt und die Nummern abgeschrieben. Der letzte Anruf kam von einem Handy. Als ich die Nummer wählte, meldete sich eine tiefe Männerstimme mit: »Seltene Sammlungen An- und Verkauf.« Da war mir klar, woher ich die Nummer des Handys kannte. Ich hatte kürzlich versucht, alte Schallplatten mit signierten Plattencovern zu verscherbeln. Die Nummer des Händlers kam mir bekannt vor, weil sie zweimal 77 enthielt und ich mich an diese Kultsendung 77 Sunset Strip erinnerte.

Ich habe kurz überlegt, was ich mit dem Handy machen sollte, aber dann doch die Bullen gerufen. Hätten die das später gefunden und meine Fingerabdrücke bemerkt, hätte das sowieso wieder Ärger gegeben. Da kommen sie auch schon, also bis denne, Kempi.

»Danke, dass Sie uns verständigt haben«, sagte Bernd Göllner zu Sven Kempelmann, der den Kommissar an seinen VW Bulli gelehnt mit einem Grinsen begrüßte. »Ich hoffe, Sie haben nicht sämtliche Spuren verwischt.«

»Boah, ey«, stöhnte Sven Kempelmann. »Da rufe ich euch extra an, statt mit dem Ding abzuhauen, und schon kriege ich eins verbraten. Nur mal zur Klarstellung. Ich wollte hier ein paar Fotos von den Papierfitzeln machen und bin dabei über das Handy gestolpert. Kein Schild und keine Leuchtreklame, dass es dem Typen gehört, den ich gefunden habe. Das habe ich erst gecheckt, als ich die Daten des Besitzers abgerufen habe.« Er verschränkte die Arme vor der Brust und sah den Kommissar aus zusammengekniffenen Augen an. »Wenn Sie mir so kommen, sage ich gar nichts mehr.«

Das wäre Bernd Göllner auch lieber gewesen, doch etwas an der Haltung des Musikers verriet ihm, dass dieser mehr wusste, als er verriet. »Nun sagen Sie schon, was Sie wissen!«, forderte er Sven Kempelmann auf.

»Ich weiß nichts.« Sven Kempelmann zierte sich und sah sich erst einmal in aller Ruhe an, wie ein Begleiter des Kommissars das Handy mit Puder einsprühte, um Fingerabdrücke zu nehmen, während der andere jeden Grashalm im Umkreis absuchte. Die junge Frau, die mit dem Kommissar eingetroffen war, fischte die Papierschnipsel von den Maisstauden.

»Das ist ein Artikel aus einer Zeitung oder so«, rief sie Bernd Göllner zu.

»Zeigen Sie mal«, bat Sven Kempelmann und löste sich von seinem Wagen, um näher an die blonde Frau heranzutreten.

»Ich weiß, woher der Artikel stammt«, sagten beide im gleichen Augenblick.

Die Beamtin sah ihn verblüfft an. »Woher kennen Sie den Artikel? Darin geht es um das alte T-Shirt, das Axel Breuer bei Spielen und besonderen Anlässen trug.«

»Und das er von seinem Großvater geerbt hat«, ergänzte Sven Kempelmann. »Googeln kann doch jeder. Und ich weiß sogar, was der Tote damit zu tun hatte.«

»Ach, ich dachte, Sie kannten den nicht?« Bernd Göllner trat näher an die beiden heran.

Sven Kempelmann stöhnte. »Ich kannte den auch nicht. Aber ich kann eins und eins zusammenzählen. Er hatte ein T-Shirt, das viele Fans gerne besitzen würden, und hat das in einem Fan-Shop angeboten.«

Bernd Göllner nickte. »So weit sind wir auch schon.«

»Aber wissen Sie auch, dass er vor seinem Tod mit einem Laden telefoniert hat, der solche Sachen verscherbelt? Nicht als Fulltime-Job, sondern nebenher, das hat mir die Frau, die sich darum kümmert, erklärt.«

»Stimmt das mit dem Anruf?«, erkundigte sich der Kommissar bei den Kollegen der Spurensicherung. »Zumindest hat sich gerade eine Frau mit dem Firmennamen gemeldet, als wir gecheckt haben, ob das Gerät noch funktionsfähig ist.«

»Oh, Mensch, wie lautet der Firmenname? Wem gehört der Laden? Lasst euch doch nicht alles aus der Nase ziehen.« Bernd Göllner besaß wie viele Ermittler eine gute Portion Intuition. Er spürte, wenn sich Ermittlungen dem Ende näherten und alle Fäden zusammenliefen. In diesem Fall hatten einige Spuren in die Sackgasse geführt, nun auch die des Handydiebstahls wegen der Telefonnummern. Doch zwei Dinge blieben bei genauerer Betrachtung: die Geldsorgen des Toten und das wertvolle T-Shirt.

»Wo befindet sich der Laden?«, wollte er wissen.

Das hätte Sven Kempelmann auch gern gewusst, doch leider verplapperte sich keiner der Polizisten. Ihm blieb nichts anderes übrig, als dem Kommissar irgendwie unauffällig zu folgen.

»Oh, ich muss zu Probe«, rief er. »Kann ich fahren?«

Nickte der Kommissar etwa zufrieden? Der würde sich wundern. Sven Kempelmann wendete seinen Bulli und fuhr bis ans Ende des Forstweges. Dort stieß er seinen Bus rückwärts in das Maisfeld und wartete.

Hey, Leute, nur noch eine halbe Stunde bis zu unserem Auftritt. Etwas blöd, Sonntagabend, wenn der Dort-

mund-Tatort läuft. Da machste nichts. Ist sowieso nichts gegen den Rest des Tages. Als ich klein war, habe ich im Autoscooter manchmal Verfolgungsjagd gespielt. Heute habe ich eine erlebt. Okay, ein bisschen davon. Nachdem ich die Bullen wegen des Handys gerufen hatte, kamen die gleich. Ich kriegte mit, dass sie zu diesem Laden fahren wollten, mit dem der Tote zuletzt telefoniert hatte. War klar, dass sie mich nicht auffordern würden, hinter ihnen herzugurken. Also habe ich mich an sie herangehängt, ohne dass sie es bemerkt haben. Vor dem Laden habe ich Spritty einfach auf der Straße stehen lassen. Leider konnte ich nicht mit rein. Aber wozu gibt es Schaufenster. Ich konnte sehen, wie sie mit einer jungen Frau sprachen. Zum Glück waren wohl gerade Fensterputzer da gewesen. Die Sicht war so klar, dass ich sogar erkennen konnte, wie sie blass wurde. Und dann raste die plötzlich los. Auf die Tür zu, durch die mich keiner hatte gehen lassen.

Die Polizisten dachten wohl, sie hätten Feierabend oder Zigarettenpause, nachdem sie mich abgewimmelt hatten. Jedenfalls stand keiner vor der Tür und hätte ich nicht im richtigen Moment drei Schritte nach rechts gemacht, hätten sie ein Problem gehabt. So kriege ich bestimmt einen blauen Fleck auf der Brust, weil sie mit ihrem Kopf voll dagegen gedonnert ist. Aber ich habe auch mitbekommen, wie der Kommissar sagte: »Edona Ricci. Ich verhafte Sie wegen des Verdachts auf Totschlag an Axel Breuer.«

Vor lauter Freude über seinen Coup hat Bernd Göllner seiner Kommissarskollegin erlaubt, mir zu verraten,

was genau geschehen ist. Diese Edona war ein absolu-
ter Dortmund-Fan und ihr Urgroßvater war Torwart
in der Gründungsmannschaft. Sie wollte unbedingt das
Trikot haben, das der damals trug. Als sie mitbekam,
dass Axel Breuer es besaß und verkaufen wollte, hat sie
zu ihm Kontakt aufgenommen. Seine Preisvorstellun-
gen waren jedoch zu hoch. Also hat sie sich als Agentin
eines wohlhabenden Sammlers ausgegeben und sich mit
Axel Breuer für den Freitagabend verabredet. Sie hat
das Ganze von vorn bis hinten durchgeplant, ihm das
Trikot ausgezogen und ein Bayern-Hemd übergestreift,
um die Ermittler in die Irre zu führen. Gerade hat die
Bullette noch gemailt, dass sie an den Fasern des Bay-
ern-Trikots DNA der Frau gefunden haben. Strange,
wofür die Leute töten? Das braucht keiner, oder? Bis
gleich von der Bühne, euer Kempi

60 Für die Fans des BVB Dortmund ist der Signal Iduna Park, das frühere Westfalenstadion, ihr zweites Zuhause, aber auch Auswärtige kommen gern, um ihre Mannschaft anzufeuern und das Flair zu genießen.

61 Für Freunde schöner Autos ist das Automobil-Museum in Dortmund ein Muss, für weniger autobegeisterte Begleitpersonen hält das angeschlossene Restaurant so manchen Leckerbissen bereit.

62 Entstanden auf einem alten Industriegelände gibt es rund um den Phoenix-See heute wunderbare Möglichkeiten zum Bummeln und Verweilen.

63 Am Rande des Binnenhafens in Dortmund erzählt das Alte Hafenamt Geschichte und Geschichten und begleitet mit seinem Trauzimmer Paare ins Eheleben.

64 Wer sich für Ausgrabungen interessiert, wird am Rand des Phoenix-Sees Zeuge, wie in mühevoller Kleinarbeit alte Stadtanlagen freigelegt werden.

65 Der Dortmunder Westfalenpark ist nicht nur eine grüne Oase in der Großstadt, sondern auch ein

Freizeitgelände, auf dem es immer etwas zu sehen oder zu hören gibt.

66 Das Zentrum für Lichtkunst in Unna zeigt in Dauer- und Wechselausstellungen, was man mit Licht machen kann.

67 Den besten Ausblick über Dortmund und das östliche Ruhrgebiet hat man vom Fernsehturm in Dortmund, von den Dortmundern liebevoll »Florian« genannt.

68 Am Rande Dortmunds findet sich unverhofft das Fachwerkdorf Groß-Barop, in dem sich ein historisches Fachwerkgebäude an das andere reiht.

69 Die Gebäude der Zeche Zollern in Dortmund sind Beweis dafür, dass zur Zeit der Industrialisierung auch auf Schönheit der Architektur geachtet wurde. In der Maschinenhalle und anderen Gebäuden erleben die Besucher, wie vor 100 Jahren und mehr im Bergbau gearbeitet wurde.

70 Das Gelände und die Gebäude der Kokerei Hansa laden zum Streunen und Gucken ein und ermöglichen den Besuchern, sowohl innerhalb als auch außerhalb der alten Industriehallen so manches Kleinod zu entdecken.

71 Um ein Klima wie am Toten Meer zu erleben, muss man im Ruhrgebiet nicht ins Flugzeug steigen, ein Ausflug in die Salzgrotte in Dortmund genügt.

72 In der DASA, der größten Ausstellung zur Arbeitswelt in Deutschland, erleben Besucher in Dortmund mit, wie sich die Arbeitswelt entwickelt hat.

WALTROP –
KEIN BLICK ÜBERS LAND

»Hach!« Anja Henke atmete tief ein und langsam wieder aus, während sie aus ihrem Auto in den blauen Himmel vor sich starrte. Sie hatte einen ganzen Tag nur für sich. Ihr Sohn Tobias war mit Freunden bei einem Konzert, ihr Mann Oliver besuchte mit Ida eine Aufführung in Elspe und sie fuhr mit ihrer Kamera durchs Ruhrgebiet. Immer auf der Suche nach interessanten Motiven für die Fotokalender, die in ihrem kleinen Krimiladen reißenden Absatz fanden.

Am Morgen war sie dem Geheimtipp einer Kundin gefolgt und hatte in dem wunderschönen alten Haus Goldschmieding **73** gefrühstückt. Der uralte Sandsteinkamin würde das Titelbild ihres nächsten Kalenders zieren. Was ihre Kundin nicht erwähnt hatte, hatte Anja einige Zeit gekostet. Hinter dem Haus war ein Skulpturenpark **74**, den sie sich nicht entgehen lassen konnte.

»Fahre ich nun zum Schloss Schwansbell **75** oder zum Schiffshebewerk **76**«, grübelte sie und pfiff laut die neue Revierhymne von Herbert Grönemeyer mit, die zufällig im Radio erklang. »Kultur- oder Industriegeschichte, das ist hier die Frage.«

Als sie an den Ausblick vom höchsten Punkt des alten Schiffshebewerks dachte, fiel ihr die Entscheidung nicht schwer. Schwansbell lief ihr nicht weg und vielleicht konnten sie alle zusammen an einem Sonntag nach Lünen zu diesem urigen historischen Gasthof 77 fahren und das Schloss besuchen.

Gerade rechtzeitig bemerkte Anja, dass sie die Abfahrt zum Schiffshebewerk bereits erreicht hatte. Voller Vorfreude fuhr sie die Zufahrtsstraße entlang und parkte ihr Fahrzeug. Beschwingt stieg sie die Anhöhe zu dem Gelände des Denkmals der Industriekultur hinauf. Fast wäre sie ins Straucheln geraten, weil eine junge Frau tränenüberströmt an ihr vorbeirannte. Mitleidig sah sie ihr nach. Die schwarze Strumpfhose war zerrissen und die Frau humpelte leicht.

Die Ärmste, dachte Anja und achtete besonders sorgfältig darauf, wo sie hintrat, damit sie nicht das gleiche Schicksal ereilte.

Als sie das alte Backsteingebäude erreicht hatte, blieb sie stehen. Wie sich der blaue Himmel in der Bleiverglasung des Fensters spiegelte. Sie hielt die Kamera ans Auge und schoss ein Foto nach dem anderen. Wie sie es oft tat, wenn sie Muße hatte, schaltete sie die Automatik der Kamera ein, hob diese über den Kopf und drehte sich in kleinen Stufen. Dabei löste sie stets aufs Neue aus, ohne dass sie wusste, was sie fotografierte. Für diese Art der Fotografie brauchte sie Ruhe, das ging nicht, wenn Ida an ihrem Rockzipfel zerrte und Oliver zum Weitergehen aufforderte.

Zufrieden stieg sie die Stufen hinauf bis zum höchsten Punkt des Schiffshebewerks. Leider übertönte ein lauter Streit das Vogelzwitschern von den Bäumen, die bis in die alte Stellage reichten. Sie versuchte den Lärm auszublenden und kurz darauf war alles ruhig um sie herum.

Eine Elster hatte es sich neben dem Glaspavillon bequem gemacht. Ihr schwarz-weißes Gefieder spiegelte sich in dem Glas. Der Vogel flog auf, als ein Schrei durch die Stille drang. Sofort blickte Anja den Steg entlang und über das Geländer. Es war doch wohl niemand von der Plattform gefallen?

Außer ihr war kein Mensch hier oben und auch direkt unter sich konnte sie niemanden erkennen. In der Ferne meinte sie einen Mann laufen zu sehen und vor dem Fenster, das sie soeben fotografiert hatte, stand eine Frau, als warte sie auf jemanden.

Sicher Kinder, die Räuber und Gendarm spielten, dachte Anja, dafür eignete sich das Gelände wirklich hervorragend. Sie setzte ihren Weg über die Plattform fort und stieg nach wenigen Minuten die Stufen wieder hinunter. Auf halber Höhe blieb sie stehen, um das Schiff heranzuzoomen. Sie schwenkte die Kamera und sah in dem Sucher eine leblose Frau zwischen zwei Sträuchern.

Anja nahm die Kamera vom Auge und versuchte, die Frau zu erkennen. Keine Chance. Wie sie immer sagte, ihre Kamera wusste mehr als sie selbst.

Eilig kletterte sie die Stufen hinunter und ging in die Richtung, in der die Frau liegen musste.

Als sie sie erreichte, sah sie, dass diese gut gekleidet war und wertvollen Schmuck trug. Davon hatte sie allerdings nichts mehr. Die Art, in der ihr Kopf abgeknickt war, verriet Anja, dass die Frau tot war. Sie lag wie eine Skulptur da und gab keinen noch so feinen Ton von sich.

Anja zog ihr Handy hervor und wählte die 110. Während sie wartete, bis die Einsatzkräfte eintrafen, betrachtete sie die Frau vorsichtig. Sie kam ihr vage bekannt vor, aber die ungewöhnliche Körperhaltung irritierte sie. Um sich abzulenken, fotografierte sie die Tote und fühlte sich mit dem Sucher zwischen sich und der Toten gleich wohler.

Anja hatte die Kamera gerade eingesteckt, da erschienen die ersten uniformierten Polizisten und baten sie, sich an die Seite zu stellen, damit sie den Fundort absperren konnten. Anja hängte sich die Kamera vor den Bauch und drückte gelegentlich auf den Auslöser. Für solche Zwecke war der Eselsmodus, wie ihre Fotografen-Kollegen die vollautomatische Funktion nannten, genau richtig.

»Sie sind die Dame, die die Tote gefunden hat?«

Anja war so darin vertieft, die Fotos auf dem Display ihrer Kamera zu betrachten, dass sie den Mann neben sich erst registrierte, als er sie ansprach.

»Genau«, antwortete sie, »von da oben habe ich sie gesehen.«

Der Blick des Mannes folgte ihrem Finger. »Von da oben?«, fragte er ungläubig.

»Dank des Zooms meiner Kamera«, erklärte Anja. Sie hob stolz die Vollformatkamera mit dem teuren Zoom-Objektiv an. »Ihr Blick reicht weiter als meiner und sie sieht sogar im Dunkeln besser.«

Der Mann lachte. »Dann wäre es schön, wenn Sie uns Ihre Speicherkarte zur Verfügung stellen könnten, damit wir auch sehen, was Ihr Wundergerät aufgenommen hat.« Er hielt ihr die Hand hin. »Mein Name ist übrigens Holger Jung. Ich bin für die Ermittlungen zuständig.«

Anja schüttelte seine Hand. »Auf der Karte sind auch noch andere Fotos, kann ich Ihnen die Bilder nicht zuschicken?«

»Wir brauchen sie sofort«, erklärte Holger Jung. »Vielleicht enthalten sie wichtige Hinweise. Im Augenblick sind Sie unsere einzige Zeugin.«

»Aber es war noch mindestens ein Mann hier auf dem Gelände«, widersprach Anja und stockte. Vielleicht war das der Täter gewesen. Ganz in ihrer Nähe. Wieso musste sie seit Neuestem ständig über Leichen stolpern? Wenn sie das gewusst hätte, hätte sie ein Handarbeitsgeschäft eröffnet und keine Krimibuchhandlung. Vielleicht wären ihr dann solche Entdeckungen erspart geblieben.

»Sie könnten doch die Dateien direkt auf ein Laptop übertragen und mir die Karte zurückgeben«, versuchte Anja, ihre Bilder zu retten.

»Das wäre eine Lösung.« Zu ihrer Erleichterung ging der Kommissar auf den Vorschlag ein. Er bat sie zum Einsatzwagen. »Wir müssen ohnehin Ihre Personendaten aufnehmen und Sie sollten uns genau schildern, was Sie gesehen haben.«

Anja nickte. Es kostete zwar ihre schöne freie Zeit, aber wenigstens konnte sie ihre Bilder behalten.

Im Einsatzwagen überspielte einer der uniformierten Beamten den Inhalt ihrer gesamten Speicherkarte auf seinen Laptop. Anja war froh, dass sie die Karte vor ihrem Ausflug formatiert hatte und sie keine Familienfotos mehr enthielt. Auch so war es komisch zu wissen, dass ihre Fotos nun im Polizeiarchiv landeten.

»Am besten gehen wir die Bilder durch und sie erzählen mir, was zu dem Zeitpunkt geschehen ist«, meinte Holger Jung.

Anja berichtete alles, woran sie sich erinnerte. Als sie das Foto mit der Frau anklickten, vergrößerte der Polizist das Gesicht.

»Das ist ja Frau Kuhn«, entfuhr es Anja.

»Sie kennen die Frau?«

Anja kam es vor, als betrachteten Holger Jung und der Polizist sie plötzlich mit anderen Augen.

»Kennen ist zu viel gesagt. Als ich sie eben gesehen habe, habe ich sie nicht gleich erkannt. Wie sie da lag, aber jetzt weiß ich es. Ich habe sie kürzlich bei einer Party getroffen.« Sie druckste herum. Etwas peinlich war es ihr schon, zuzugeben, welche Art Party sie besucht hatte. Aber ihre Freundin Sarah hatte sie so bedrängt, dass sie nicht Nein sagen konnte.

»Das war eine Dessous-Party«, sagte sie schließlich und tat so, als müsste sie dringend etwas in ihrer Kameratasche suchen, um den Blicken der Männer nicht zu begegnen.

»Frau Kuhn ist die Gründerin. Sie moderiert nur noch selten selbst Partys. Aber meine Freundin Sarah ist eine Nachbarin, da hat sie eine Ausnahme gemacht.«

»Ich glaube, das ist jetzt nicht so wichtig«, unterbrach Holger Jung sie. »Allerdings ist es gut, dass wir einen Anhaltspunkt haben, wer die Frau ist. Wir haben keine Papiere bei ihr gefunden.«

Merkwürdig, fand Anja. Wieso sollte jemand die Papiere stehlen und den Schmuck liegen lassen? Das konnte doch nur bedeuten, dass sie nicht selbst hierhergefahren war oder ihre Tasche im Auto lag.

»Vielleicht liegt ihre Handtasche mit den Papieren im Auto, das mache ich auch manchmal, wenn ich die Hände freihaben will.«

Der uniformierte Beamte warf ihr einen tadelnden Blick zu. »Sie wissen schon, dass sie damit Dieben Tür und Tor öffnen?«

»Ich lasse die Sachen nicht offen liegen«, gab Anja zurück. Für wie blöd hielt der Polizist sie. Sie wollte nur einen hilfreichen Tipp geben und fing sich gleich einen Rüffel ein.

»Im Prinzip haben Sie recht«, mischte Holger Jung sich ein. »Aber wir haben keinen Schlüssel gefunden. Deshalb sind Ihre Bilder so wichtig. Vielleicht hat sie die Schlüssel verloren.«

Dankbar nahm Anja den Hinweis auf. »Meine Speicherkarte«, sagte sie und hielt dem Streifenbeamten ihre Handfläche hin. Sie sah ihm an, dass er die Karte lieber behalten hätte, doch das Nicken des Kommissars zwang ihn, ihr die Speicherkarte auszuhändigen.

»Sie können gehen«, erklärte Holger Jung ihr. »Eventuell melden wir uns, wenn etwas unklar ist.«

Anja nickte. Das kannte sie inzwischen bereits. Sollten sie. Hauptsache, sie durfte gehen und konnte sich noch ein wenig umsehen. Sie wollte zu gern prüfen, wohin der Mann verschwunden war, der ihr ins Bild gelaufen war.

Während Anja langsam über das Gelände ging, suchte sie die Telefonnummer ihrer Freundin Sarah im Handy.

»Hallo, Sarah«, meldete sie sich wenige Sekunden später, froh, dass ihre Freundin erreichbar war. Das war nicht selbstverständlich. Das Leben, das sie führte, war völlig anders als Anjas. Vor allem, was Männer anging. Erst vorgestern hatte Anja gescherzt, Sarah könne einen Blog über Männerbekanntschaften schreiben. Das war, nachdem ihre Freundin ihr im Internet das Bild ihres neuen Lovers gezeigt hatte. Ausgerechnet der Junge mit dem knackigen Hintern, der ihnen bei der Dessousparty die Herrenslips vorgeführt hatte.

»Sag mal, du kennst doch diese Frau Kuhn, die die Dessousparty gemacht hat. Wie war, äh ist die eigentlich so?«

»Wie kommst du jetzt auf die?«, wollte Sarah wissen. Anscheinend war ihr der Versprecher ihrer Freundin nicht aufgefallen.

Anja dachte kurz nach, wie sie ihre Neugier erklären konnte, ohne den wirklichen Grund zu verraten. »Wir haben überlegt, ob wir so etwas wie Krimipartys anbieten«, sagte sie schließlich.

»Das ist ja eine tolle Idee. Da kann Vanessa dir sicher helfen. Die hat mit ihren Dessoupartys richtig viel Geld gemacht. Thomas hat mir das eine oder andere verraten.«

Anja stutzte. Hieß Sarahs aktueller Freund nicht Mario? Sie seufzte. Für Sarahs Freundinnen wäre ein Männer-Blog hilfreich, da könnten sie sich auf dem Laufenden halten und müssten nicht ständig nachfragen.

»Äh, wer ist jetzt Thomas?«

Anja hörte erstaunt, wie Sarah scharf den Atem einzog und dann antwortete: »Äh, Thomas, habe ich Thomas gesagt? Ich meinte Mario. Das ist der Geschäftspartner von Vanessa Kuhn. Du hast ihn an meinem Geburtstag kennengelernt.«

Anja war zwar sicher, dass Sarah von Thomas gesprochen hatte, aber der Zeitpunkt schien ihr nicht geeignet, um über die Liebhaber ihrer Freundin zu sprechen. »Ach, ich dachte Frau Kuhn wäre Inhaberin der Dessousparty-Firma.«

»Na, Geschäftspartner ist vielleicht der falsche Ausdruck, Mario ist einer der Vertriebsmanager. Einer von zweien, die direkt unter Vanessa stehen. Außer ihm gibt es nur diese schräge Ziege Julia.«

Anja grinste. Wie gut, dass ihre Freundin ein zweites Laster hatte neben den Männern, sie redete gern. Manchmal war das anstrengend, vor allem wenn sie bei ihr im Laden aushalf und die Kunden Schlange standen. Aber dieses Mal war sie eine wahre Goldgrube.

Anja hatte sich auf eine Stufe gesetzt und schrieb die Namen auf, die Sarah in ihrem Monolog erwähnte. Thomas, Mario, Julia, da hatte sie doch schon einige Ansatzpunkte für ihre Recherche.

»Vanessa war wohl ziemlich sauer auf Julia, weil die sich an Thomas rangemacht hat.«

Schon wieder Thomas. Und wenn sie das richtig interpretierte, hatte er eine Beziehung zu der Toten. Und zu Sarah?

»Wer ist dieser Thomas denn?«, wollte Anja wissen.

Sarah kicherte. »Dieser Typ mit dem Knackhintern bei meiner Dessousparty.«

Dann hatte Sarah also etwas mit dem Ehemann oder Freund der Toten, dachte Anja.

»Du bist mit dem Mann deiner Nachbarin zusammen?«, fragte sie empört.

Ihre Freundin druckste herum. »Äh, also. Ja, ich wusste aber nicht, dass das ihr Mann ist. Mensch, der ist 15 Jahre jünger als sie.«

»Und Mario?«

Anja seufzte, als sie Sarahs Antwort hörte. »Kann eine Frau nur einen Mann lieben?« Sie verabschiedete sich kopfschüttelnd.

»Sie sind ja immer noch hier«, bemerkte Kommissar Jung, der mit großen Schritten an Anja vorbeiging.

Sie sah ihm nach und ärgerte sich, dass sie so viel Zeit vertrödelt hatte. Inzwischen hatten sie sicher die Fotos ausgewertet und wussten, wo der Mann ihr ins Bild gelaufen war. Sie folgte ihm langsam.

»Na, schöne Frau, so allein unterwegs«, empfing sie ein Mann, der auf den Stufen zu dem alten Schiff saß, das in der Schleuse ankerte. Er sah aus wie man sich einen alten Seebären vorstellte, mit weiß-blau gestreiftem T-Shirt, dessen Weiß man eher erahnen als erkennen konnte, und einer Schirmmütze.

Anja wollte schon grußlos weitergehen, weil sie es hasste, wenn jemand sie auf diese Weise ansprach. Sie beobachtete, wie der Kommissar mit einer Kollegin hinter den Büschen verschwand, an denen sie einen Mann von oben gesehen hatte. Dort konnte sie nichts ausrichten.

»Guten Tag«, ging sie daher auf den alten Mann ein. Was sollte ihr schon passieren? Hier wimmelte es von Polizei, und der alte Matrose mit seiner Pfeife im Mund wirkte nicht so, als könnte er ihr folgen, wenn sie ihm davonlief.

»Haben Sie zufällig den Mann gesehen, der dorthin gelaufen ist?«, erkundigte sie sich.

Der Alte nahm seine Pfeife aus dem Mund und entblößte beim Grinsen eine breite Zahnlücke. »Ist Ihnen Ihr Liebster abhandengekommen? Ich stehe zu Ihren Diensten.«

Anja schüttelte sich. Sie hasste solche Zweideutigkeiten. Doch die Chance, vor der Polizei etwas Wichtiges zu erfahren, wollte sie sich nicht entgehen lassen.

»Danke, mein Liebster ist zu Hause. Aber …« Sie zögerte. Wie sollte sie dem Mann nun wieder ihr Interesse erklären? Polizisten hatten es deutlich leichter bei ihren Ermittlungen, die mussten nicht ständig ein Lügennetz spinnen, um an Informationen zu gelangen.

»Er hat mir meine Handtasche gestohlen«, log sie dreist. Der Zweck heiligte die Mittel. »Ich habe mich nur kurz auf ein Fotomotiv konzentriert, da hat er sich die Tasche geschnappt und war weg.« Fast glaubte sie ihre Geschichte selbst.

»Der ist hier vorbeigerast, als wäre der Teufel hinter ihm her«, erzählte der alte Mann. Er griff hinter sich. »Hier, das hat er verloren. Vielleicht hilft Ihnen das, Ihre Tasche zurückzubekommen.« Er sah Anja aus zusammengekniffenen Augen an, als er ihr ein kleines Stück Papier reichte. »Er hatte allerdings keine Tasche in der Hand.«

Anja wurde rot. »Äh, die Tasche war auch nicht groß, reichte gerade für eine Geldbörse«, sagte sie hastig. »Meinen Autoschlüssel hatte ich zum Glück in der Kameratasche.«

Aus den Augenwinkeln sah sie, dass Kommissar Jung zwischen den Sträuchern auftauchte. »Haben Sie vielen Dank für Ihre Hilfe.« Sie zögerte, ehe sie mit einem Augenzwinkern hinzusetzte: »Und sollte mein Liebster mal abhandenkommen, melde ich mich.«

»Auf Wiedersehen«, rief sie Holger Jung zu, der wenige Meter weiter ihren Weg kreuzte.

Ohne sich länger aufzuhalten, ging Anja zum Parkplatz, wo sie im Auto nachdenklich die Visitenkarte anschaute, die eindeutig das Logo der Dessous-Firma von Vanessa Kuhn zeigte.

Als sie zu Hause eintraf, war sie sich nach wie vor nicht sicher, ob sie die Visitenkarte nicht doch hätte dem Kommissar geben sollen.

Aber dann hätte ich vom Parkplatz wieder rauf zum Gelände gehen müssen, entschuldigte sie sich und war froh, dass das Telefon klingelte.

»Thomas' Frau ist tot«, verkündete ihr Sarah. »Gerade war die Polizei bei ihm.« Anja hörte ein Schluchzen. »Ich bin direkt zu ihm rüber, nachdem sie weggefahren sind. Da hat er es mir erzählt und mich nach Hause geschickt.«

Das Geräusch vom Naseputzen erscholl an Anjas Ohr. Sie hielt den Hörer von sich, bis sie Sarahs Stimme erneut vernahm. »Er meint, es wäre besser, wenn wir uns nicht sähen, bis geklärt wäre, was mit seiner Frau geschehen sei.«

Anja überbrückte die Pause, um im Internet nach der Dessous-Firma zu suchen.

»Ich dachte, sie hätte einen Unfall gehabt, weil sie heute Morgen ziemlich aufgebracht das Haus verlassen hat. Das Tor hängt immer noch schief, weil sie es so zugeknallt hat. Aber sie wurde vermutlich umgebracht, sagt die Polizei, äh, sagt Thomas. Erschlagen oder so. Jedenfalls hat sie sich das Genick gebrochen und war sofort tot.«

Anja betrachtete den Mann auf der Model-Seite der Dessous-Firma. Sie konnte Sarah verstehen. Wer auf jüngere Männer stand, würde ihn sicher nicht von sich weisen. »War Thomas heute Morgen bei dir?«

Sarah schnaubte. »Du denkst, der kommt gleich rüber, wenn seine Frau das Haus verlässt? Er ist auch weggefahren. War nur noch kurz bei mir und meinte, diesen Mario packe ich mir. Frag mich nicht, was das sollte.« Sie schwieg. »Warum interessiert dich das eigentlich?«

Anja war froh, dass Sarah angerufen hatte. So konnte sie sich damit herausreden: »Du hast bei mir angerufen. Ich lasse dich einfach nur reden, damit du dich beruhigst.«

Sarah sagte eine Weile nichts. »Sorry«, murmelte sie dann. »Aber ich bin völlig durch den Wind, weil Thomas mich abgewimmelt hat und Mario geht nicht ans Telefon.« Sie seufzte. »Bitte halte mich das nächste Mal davon ab, mehrere Beziehungen gleichzeitig einzugehen. Vor allem, wenn sie sich kennen. Man weiß nie, wer wem was sagt.«

»Ich werd's probieren.« Anja schnaufte. Als hätte sie das nicht bereits wiederholt versucht.

»Willst du rüberkommen?«, fragte sie dann. »Ich bin noch allein. Da können wir ungestört quatschen.«

»Lass mal. Ich bin total verheult und muss mich erst mal sortieren«, wies Sarah Anjas Angebot ab. »Wir sehen uns ja sowieso morgen im Musiktheater 78«, verabschiedete sie sich.

Den gemeinsamen Abend im Musiktheater im Revier hätte Anja beinahe vergessen. An ihren familienfreien Tagen lebte sie nur im Augenblick und ließ sich treiben. Eigentlich hatte sie von Henrichenburg aus zum Dattelner Meer 79 fahren wollen, aber das musste sie ebenso verschieben wie die Fotosession im Wasserschloss Strünkede 80, mit der sie liebäugelt hatte. Aber wann fand man schon die Leiche einer Frau, der man einmal begegnet war und mit deren Ehemann die eigene Freundin ein Verhältnis hatte? Es würde nicht lange dauern, bis die Polizei bei Sarah auf der Matte stand und bis dahin konnte sie versuchen, Licht ins Dunkel zu bringen. Zumindest bis ihre Familie wieder eintrudelte und ihre Aufmerksamkeit forderte.

Anja recherchierte im Internet nach der Dessous-Firma. Vanessa Kuhn war wirklich sehr gut im Geschäft, wenn sie den Artikeln und Pressemeldungen aus dem Unternehmen glauben durfte. Im Impressum auf der Internetseite tauchte der Name Mario Seyh nicht auf. Merkwürdig, wenn er ein Geschäftspartner war. Ihr Ehemann erschien nur als Model unter dem Namen Tom und wenn sie den Namen, den sie Sarah entlockt hatte, eingab, bekam sie unendlich viele Ergebnisse zu Thomas oder Ludwig.

Die Kombination aus ›Tom‹ und ›Dessous‹ verriet ihr schließlich, dass der Ehemann der Verstorbenen bis zu seiner Hochzeit vor zwei Jahren ein angesagtes Unterwäschemodel gewesen war. Seine Liste an Fans auf Facebook war lang und bestand fast nur aus Frauen, die ihm auch heute noch schmachtende Grüße schrieben und Einladungen aussprachen. Das war sicher nicht leicht für Vanessa Kuhn gewesen und wäre für manche Ehefrau ein Mordmotiv. Aber er atmete noch im Gegensatz zu ihr.

Ein Suchergebnis über ›Mario Seyh‹ und ›Dessous‹ ließ Anja aufhorchen. Es sah ganz danach aus, als hätte er eine eigene Firma, die Dessouspartys veranstaltete.

Anja klickte sich durch die Seite, auf der Frauen in ziemlich durchsichtiger Unterwäsche und aufreizend posierten. Welche Frau würde sich davon motivieren lassen, eine Party auszurichten?

»Was schaust du dir denn da an?«

Anja hatte nicht bemerkt, dass Oliver das Wohnzimmer betreten hatte. Sie sah zu ihm auf und fragte: »Wo ist Ida?«

»Die wollte noch den kleinen Hund der Nachbarn anschauen«, antwortete Oliver und beugte sich über ihre Schulter. »Willst du eine Dessousparty veranstalten?« Er zeigte auf eine braunhaarige Frau im knappen Tanga und noch knapperen BH. »Dann ordere bitte das Model.«

Anja stieß ihm ihren Ellbogen in die Seite. »Das könnte dir so passen. Außerdem kommen zu den Dessouspartys Männermodels, wir Frauen probieren die Dessous selbst an.«

»Und wieso steht dann da, wählen Sie ein Model aus?« Oliver deutete auf die Frage, die groß oben auf der Seite prangte.

Das war Anja vorher nicht aufgefallen, sie öffnete die Seite ›Ihre Party‹ und las mit Staunen, dass diese Partys nicht für Frauen, sondern für Männer gedacht waren.

»Wenn du mich fragst, ist das eine verkappte Striptease-Show«, meinte Oliver. »Siehst du irgendwo eine Info über Dessous-Modelle?«

Anja klickte jeden Button der Navigation an. Während auf der Seite von Vanessa Kuhn Werbung für BHs und Slips, Korsagen und Strumpfhalter gemacht wurde, war hier nichts von allem zu sehen. Dafür aber eine große Auswahl an Fotos von verschiedenen Frauen in knapper Bekleidung.

»Ich muss noch eben Sarah anrufen«, sagte sie. »Dann bin ich bei euch.«

Oliver nickte und verschwand in der Küche, während Anja ihre Freundin anrief.

»Hey, Sarah, ich bin's noch mal«, grüßte sie knapp. »Kann es sein, dass dein Mario sein eigenes Dessous-Ding macht und Striptease-Partys organisiert? «

»Bitte was? Nein, auf keinen Fall!«, antwortete Sarah und Anja erkannte, dass sie wirklich empört war.

»Als Geschäftspartner auf der Seite von Vanessas Firma taucht er aber nicht auf«, setzte Anja nach.

»Du weißt doch, wie das mit den Partys funktioniert. Wie eine umgekehrte Pyramide«, sprudelte es aus Sarah heraus. Dem Tonfall der Stimme entnahm Anja ihren Zorn. »Oben ist der Boss, in dem Fall Vanessa, und darunter sind Vertriebsleute, die wiederum Vertriebsleute unter sich haben. Das ist wie bei Tupper. Downline nennt man das. Mario und Julia waren direkt unter Vanessa. Mario hat Hunderte von Leuten unter sich.«

Anja öffnete die Internetseite, die Sarah ihr nannte. Dort stand tatsächlich das Gleiche wie auf der Homepage von Vanessa Kuhn, und im Impressum fand sie den Namen Mario Seyh.

»Dann guck dir mal diese Seite an«, sagte Anja und diktierte ihrer Freundin die Internetadresse, über die sie bei ihrer Suche gestolpert war. Sie hörte, wie Sarah scharf die Luft einsog.

»Das ist ja der Hammer!«

»Kann es sein, dass Vanessa Kuhn die Seite auch entdeckt und Mario gedroht hat?«, wollte Anja wissen.

Sarah seufzte. »Keine Ahnung. Ich kannte die Seite auch bis gerade nicht. Sicher wäre sie ausgeflippt, wenn sie das mitgekriegt hätte. Zumal das alles Dessous aus ihrer Kollektion sind und der Eindruck erweckt wird, die Seite gehörte zu ihrer Firma.«

Anja war froh, dass Sarah ebenfalls diesen Eindruck gewonnen hatte. Sie hoffte, dass ihre Freundin daraus den gleichen Schluss zog wie sie und den Kontakt zu Mario beendete. Schließlich war das ein starkes Motiv für einen Streit, der tödlich enden konnte. Der Seebär im Schiffshebewerk hatte ihr erzählt, dass er ein Paar beobachtet hatte, das sich angeschrien hatte. Leider konnte er nicht ausmachen, worum es ging.

»Mama, ich möchte auch einen Hund.« Ida platzte mit ihrem Wunsch mitten in Anjas Überlegungen.

Sie verabschiedete sich von Sarah und begrüßte ihre kleine Tochter. Der freie Tag war vorbei, Zeit, sich um ihre Familie zu kümmern. Im Internet würde sie ohnehin keine neuen Erkenntnisse mehr gewinnen, da musste sie schon auf Tuchfühlung zu ihrem Verdächtigen gehen und dafür war der Sonntagabend gänzlich ungeeignet.

Am nächsten Morgen überließ Anja ihre Krimibuchhandlung in Hagen ihrer Mitarbeiterin. Montagmorgens war ohnehin nicht viel los, da konnte sie es riskieren, ihre Freundin Sarah in Bochum zu besuchen.

Mit verweinten Augen öffnete diese ihr die Tür. »Thomas meldet sich nicht mehr«, schluchzte sie und umarmte Anja.

Anja seufzte. Es war jedes Mal das Gleiche. Wenn es eine Störung wie hyperaktive Liebende gab, hatte Sarah diese, das war klar. Sie verliebte sich in jeden ihrer Kurzzeitlover und litt an der Trennung wie andere nach zehn Beziehungsjahren.

»Er muss sich doch jetzt um alles kümmern«, versuchte Anja ihre Freundin zu trösten.

Sarah blickte sie an. »Das tut er ja auch nicht. Mario rief gerade an, weil die Polizei sich bei ihm gemeldet hat.«

Anja merkte auf. Hatte die Polizei das Gleiche herausgefunden wie sie?

»Sie haben sich erkundigt, ob er weiß, wo Thomas ist.« Sarah schluchzte auf. »Seit er mich gestern rausgeworfen hat, nachdem die Polizei weg war, habe ich ihn nicht mehr gesehen. Sein Auto ist weg und er geht nicht ans Handy.« Sie verbarg ihren Kopf an Anjas Schulter. »Vielleicht ist er auch umgebracht worden.«

Anja dachte nach. Was hatte Mario Seyh davon, wenn der Ehemann von Vanessa Kuhn starb? Wer auch immer das Unternehmen erbte, man würde auf ihn als Leiter einer riesigen Downline kaum verzichten.

»Wie verstanden sich eigentlich Mario und Thomas?«, erkundigte sie sich bei Sarah.

»Wieso?«, wollte Sarah wissen. Sie löste sich von Anja und ging voraus ins Wohnzimmer.

»Vielleicht wollte Mario die beiden loswerden, um die Firma ganz für sich zu haben.«

Sarah schüttelte den Kopf. »Das glaube ich nicht.« Sie räumte ein Kissen beiseite und setzte sich auf die Couch. »Allerdings hätte ich auch nicht gedacht, dass Mario diese Strip-Company betreibt.«

Anja schwieg. Sie ging die verschiedenen Motive durch, weshalb jemand Vanessa Kuhn töten konnte. Es musste ein Mann gewesen sein, der sie im Zorn so unglücklich gestoßen hatte, dass sie sich beim Sturz das Genick brach. So viel hatte Thomas Ludwig Sarah noch verraten, ehe er sie aus seinem Haus geschickt hatte.

»Und wenn Thomas der Täter ist?«, dachte Anja laut.

Ihre Freundin starrte sie an. »Du meinst, ich hatte ein Verhältnis mit einem Mörder?«

Anja zog die Schultern hoch. »Ich glaube, dass Thomas oder Mario Vanessa getötet hat. Du hattest also in jedem Fall etwas mit einem Mörder.«

Sarah nahm ihr Smartphone vom Tisch. »Vielleicht erreiche ich ihn ja«, sagte sie und drückte auf die Schnellwahltaste.

Anja sah, wie ein Leuchten über Sarahs Gesicht ging. Sie deutete ihr mit erhobenem Daumen an, dass Thomas das Gespräch entgegengenommen hatte. Dann sank Sarahs Hand herab und ihre Augen wurden groß. Am liebsten hätte Anja ihrer Freundin das Telefon aus der Hand gerissen.

»Thomas ist auf den Malediven«, sagte Sarah leise, nachdem sie das Smartphone beiseitegelegt hat. »Er behauptet, er hätte dort ein Shooting für eine große Dessous-Marke. Aber ich weiß genau, dass Vanessa ihm verboten hat, für andere Firmen zu modeln.«

Anja kam es vor, als könnte sie beobachten, wie Sarahs Gehirnzellen arbeiteten.

Ihre Freundin sah sie an. »Das hat sie sogar in den Ehevertrag schreiben lassen, das hat sie mir selbst erzählt.«

Anja schüttelte sich. Dieser Thomas hatte also ein mindestens ebenso starkes Motiv, Vanessa Kuhn zu töten, wie Mario Seyh. Während der Geschäftspartner jedoch ausharrte und sich mit den Polizeibeamten herumschlug, war der frisch gebackene reiche Witwer ausgezogen, um die Welt zu erobern. Fragte sich nur, ob dieser Kommissar das ebenfalls bemerkt hatte.

Die Antwort auf diese Frage, erhielt Anja schneller, als sie ahnen konnte. Während sie noch mit Sarah darüber nachdachte, wo Thomas am Vortag gewesen war, klingelte es an der Haustür. Wenig später betrat Holger Jung zusammen mit einer Kollegin das Wohnzimmer.

»Wir dachten, Herr Ludwig hätte vielleicht bei Ihnen hinterlassen, wo er ist«, sagte der Kommissar. »So als Nachbarin«, fügte er hinzu und Anja schien es, als hätte seine Stimme einen süffisanten Unterton. Ob er von Sarahs Verhältnis mit Thomas Ludwig wusste?

»Bis eben gerade wusste ich das auch nicht«, antwortete sie.

Anja bewunderte Sarah, wie souverän sie plötzlich auftrat, nachdem sie kurz zuvor so aufgelöst erschien.

»Ich habe ihn auf den Malediven erreicht. Dort hat er ein Fotoshooting.«

Bei dem Wort ›Fotoshooting‹ starrten der Kommissar und seine Kollegin Sarah an. »Das ist nicht Ihr Ernst, oder? Seine Frau stirbt und er jettet um die Welt für ein paar Fotos?«

Sarah hob die Hände, um ihm zu zeigen, dass sie nicht mehr wusste.

»Vielleicht darf ich auch etwas sagen«, mischte Anja sich ein. »Ich glaube, Herr Ludwig hat seine Frau getötet.« Sie erklärte dem Beamten, wie sie auf diese Idee gekommen war. Am Ende zog sie die Visitenkarte aus der Tasche, die der Seebär ihr überreicht hatte. Sie war noch nicht dazugekommen, Sarah zu fragen, ob sie wusste, was es damit auf sich hatte. Auf der Karte stand nur das Logo der Dessous-Firma und auf der Rückseite ebenfalls gedruckt eine Handynummer. Sie hatte bereits versucht, dort anzurufen, aber niemanden erreicht.

Sarah stand auf und betrachtete das Kärtchen, das Anja dem Kommissar überreichte. »Das ist Thomas Nummer«, sagte sie. »Alle Models von Vanessa haben solche Karten.«

Anja sah, wie ihre Freundin rot wurde. Anscheinend hatten auch andere Models Sarah bereits ihre Visitenkarte gegeben. Was war das eigentlich? Eine Dessousparty oder eine Vermittlung von Callboys? Dazu würde sie Sarah ein anderes Mal ausgiebig befragen. Jetzt musste sie erst einmal dem Kommissar Rede und Antwort stehen, der sich beklagte, dass sie Beweismittel unterschlagen hatte. Aber schließlich gab er doch zu, dass ihre Theorie einen hohen Wahrscheinlichkeitsfaktor hätte, zumal sich herausstellte, dass Sarah während der Tatzeit mit Mario Seyh zusammen gewesen war, was Anja mit großem Staunen zur Kenntnis nahm.

73 Haus Goldschmieding in Castrop-Rauxel hat schon viel mit seinen Besitzern erlebt, davon zeugen Bilder und Einrichtungsreste, u. a. der älteste Kamin aus Sandstein, in dem früheren Herrenhaus, das heute ein Restaurant beherbergt.

74 Direkt hinter Haus Goldschmieding erwartet Freizeitbummler neben schönen Waldspazierwegen ein Skulpturenpark mit außergewöhnlichen Kunstwerken mitten in der Natur.

75 Schloss Schwansbell mit seiner Garteninsel und dem Park ist in Lünen ist ein beliebter Ort für einen Sonntags- und Fotospaziergang, zumal sich in den früheren Wirtschaftsgebäuden heute das Heimatmuseum befindet.

76 1899 wurde das alte Schiffshebewerk Henrichenburg in Betrieb genommen, heute dient es als begehbares Museum, in dem nicht nur Technik-Fans Erstaunliches entdecken können.

77 Wer der Innenstadt Lünens einen Besuch abstattet, sollte einen Besuch im Brauhaus Drei Linden nicht versäumen, in dem wie bei Muttern gekocht wird und die historische Einrichtung den Eindruck erweckt, man äße in einem Museum.

78 Im Musiktheater im Revier in Gelsenkirchen kommen nicht nur Musikliebhaber auf ihre Kosten, sondern ebenso Freunde schöner Architektur, gilt das Gebäude doch als einer der bedeutendsten Theaterbauten der Nachkriegszeit in der Region.

79 Auch wenn das Dattelner Meer kein Ozean ist, kann die Freizeitstätte im Dattelner Hafen, wo sich der Wesel-Datteln-Kanal und der Dortmund-Ems-Kanal treffen, vom Erholungswert mit Seepromenaden mithalten.

80 Das Wasserschloss Strünkede in Herne ist nicht nur ein Ausflugsziel für Spaziergänger und Liebhaber alter Schlösser, sondern auch für Fans junger Kunst, die in der Galerie im Schlosspark zu sehen ist.

HAMM –
MIT SANFTEM FLÜGELSCHLAG

Hey, Leute,

heute melde ich mich wieder aus dem Ruhrgebiet, meiner Heimat sozusagen. Für die, die das erste Mal hier sind: Ich bin Kempi, offiziell Sven Kempelmann. Die meiste Zeit hänge ich mit Spritty ab, meinem alten VW-Bus, in dem ich auch oft wohne.

Von Hamm aus könnte ich auch nach Hattingen fahren, wo ich eine kleine Wohnung habe. Aber dann wäre Spritty traurig, weil er allein herumstehen müsste. Im Sommer ist er das nicht gewohnt und – unter uns – meine Wohnung ist im Haus meiner Eltern. Muss ich mehr sagen? Da kommt immer jemand und guckt, ob ordentlich gespült und geputzt ist und ob ich ein saube- res T-Shirt trage.

Lieber stelle ich Spritty auf den Parkplatz neben dem Park, in dem unsere Konzerte stattfinden. Eine voll coole Location übrigens, solltet ihr mal hinfahren. Ich guck jetzt mal, was so geht.

CU, Kempi

»Dann will ich mal«, verabschiedete sich Lothar Möllen- kamp von der Kassiererin des Maxiparks **81**, die Vorbe- reitungen traf, ihre Tageseinnahmen zu zählen.

»Bis denne«, gab die Kassiererin zurück. »Du hast ja noch einen weiten Weg.«

Lothar Möllenkamp nickte. Morgens und abends durchforstete er den Maximilianpark auf dem ehemaligen Gartenschaugelände. Immer mit Blick für Gäste, die sich verirrt hatten, Jugendliche, die sich einen Scherz erlauben wollten, und Besucher, die sich in einem der Gebäude aufhielten.

Bei Jugendlichen waren besonders die Spielplätze und das riesige Klettergerüst beliebt. Und so manch einer hatte schon versucht, nachts das Geheimnis der Wasserspeier im Tal der 1.000 Seen zu lüften.

Im Glaselefant und im Schmetterlingshaus 82 galt sein Augenmerk eher Besuchern, die wirkten, als suchten sie einen gemütlichen Schlafplatz.

»Hey, was machst du da?« Im Schmetterlingshaus hatte tatsächlich ein Mann seinen Schlafsack ausgebreitet. Die beiden Tragetüten und die Bierflasche neben ihm verrieten Lothar Möllenkamp, dass er aktiv werden musste.

»Is doch schön warm hier«, antwortete der Mann und nahm einen Schluck aus der Flasche, während er Lothar Möllenkamp aus kleinen Augen ansah.

Ein Rumpeln lenkte Lothar Möllenkamp ab. Das Schmetterlingshaus war eigentlich bereits geschlossen. Wer konnte jetzt noch hier herumlaufen?

»Verschwinde!«, forderte er den Mann mit dem Schlafsack erneut auf und ging in die Richtung, aus der er das Geräusch gehört hatte. Wie immer flatterten einige Schmetterlinge vor den Glasscheiben, hinter denen der helle Himmel des Sommerabends winkte.

Lothar Möllenkamp schien es, als wären die Schmetterlinge aufgeregt. Er blickte sich um. Aus den Augenwinkeln nahm er etwas wahr. Er drehte sich um und rief: »Was machen Sie hier noch? Das Schmetterlingshaus ist bereits ...« Weiter kam er nicht.

Mensch, Leute,

ihr glaubt nicht, was mir heute passiert ist. Spritty und ich haben auf dem Parkplatz neben dem Maxipark übernachtet. Dass das keine gute Idee war, habe ich erst heute Morgen gemerkt, als alle naselang jemand an meinen Wagen klopfte. »*Warum stehen Sie hier?*«*,* »*Das ist mein Parkplatz.*« *Voll ätzend. Irgendwann bin ich ausgestiegen und habe dem coolen Elefanten* 83 *neben dem Parkeingang Guten Morgen gesagt. Ich hatte Glück, einer der Typen, die in diesem Maxipark arbeiten, kam vorbei und hat mich reingelassen. Megageil, so früh allein durch den Park zu latschen. Da könnte ich fast zum Jogger werden.*

Ich habe zuerst den Eisentypen, der am Anfang des Parks steht, begrüßt. Nein, ich hatte keine Farben dabei, ich habe einfach nur »*Moin!*« *gerufen.*

Eine echt coole Location, ich würde gerne auch einmal auf der Wiese vor der Ruine spielen. Vor allem war ich neugierig auf das Schmetterlingshaus. Als Junge habe ich Schmetterlinge gefangen und gepresst. Nein, das hatte ich in dem Schmetterlingshaus nicht vor. Mich hat einfach interessiert, wie es in so einem Haus voller Schmetterlinge aussieht.

»*Hey, Kempi*«*, begrüßte mich eine Frau, die gerade das Gebäude aufschloss, als ich kam.* »*Hast du Lust, mal* reinzugucken? Geile Mucke übrigens. Ich war gestern bei eurem Gig.«

Die Gelegenheit konnte ich mir natürlich nicht entgehen lassen. Obwohl ich auch die Mieze ganz süß fand und mir vorstellen konnte, ein Stündchen mit ihr zu verbringen. Ich ging in das Schmetterlingshaus. Überall flatterten riesige Falter. An einer Stelle häuften sie sich. Zuerst wollte ich einen Bogen darum machen, aber dann hat mich doch interessiert, was da los war. Ich schlappe also dort hin. Hätte ich das nur gelassen. Auf dem Boden lag ein Mann mit dem Kopf in einer angetrockneten Blutlache. Er gab keinen Mucks von sich.

Ich bin gleich raus und habe die Mieze geholt. Die hat sofort die Polizei alarmiert. Schon stand ich wieder da mit einem Toten an den Hacken. Mal sehen, was ich ausrichten kann. Noch bleiben wir drei Tage hier. Ich halte euch auf dem Laufenden.

CU, Kempi

»Darf ich fragen, wer Sie sind?«, sprach ein mittelgroßer Mann in einem blauen Sakko Sven Kempelmann an. »Wenn ich das richtig verstanden habe, ist das Schmetterlingshaus noch nicht geöffnet.«

»Ich habe ihn hereingelassen«, mischte sich eine junge Frau ein. »Er hat gestern drüben ein Konzert gegeben und heute traf ich ihn im Park.«

»Aha. Trotzdem merkwürdig, dass Sie ausgerechnet hier herumschleichen, wenn ein Toter im Schmetterlingshaus liegt«, meinte der Mann und zog einen Block hervor. »Geben Sie mir doch mal Ihre Personalien.«

»Wieso sollte ich?«, entgegnete Sven Kempelmann und kniff ungehalten die Augen zusammen.

»Och, nö, komm mir doch am frühen Morgen nicht so.« Der Polizeibeamte stöhnte. »Sie haben den Toten gefunden, oder?«

Sven nickte.

»Deshalb brauche ich Ihre Daten. Mein Name ist übrigens Bernd Göllner.«

Nachdem der Beamte sich vorgestellt hatte, wurde Sven zugänglicher. Er konnte es nicht leiden, wenn die Obrigkeit sich aufführte, als lebten sie noch zu Zeiten des Kaisers.

»Sven Kempelmann«, gab er bereitwillig Auskunft. »Ich hatte gestern ein Konzert mit meiner Band Wildscheine und wollte mir heute den Park ansehen.«

Bernd Göllner notierte sich die Informationen und schrieb die Daten von Svens Personalausweis ab, den dieser mit leichtem Unmut aus seinem fleckigen Portemonnaie zog.

»Sind Sie länger hier?«, erkundigte sich der Polizist und Sven spürte, wie er ihn von oben bis unten musterte.

»Wir haben noch drei Auftritte«, antwortete er.

Bernd Göllner nickte zufrieden. »Wir melden uns, falls wir weitere Fragen haben.« Er beugte sich zu Sven vor. »Übrigens, wenn Sie schon hier sind, sollten Sie sich unbedingt unsere Schlösser ansehen.«

Sven Kempelmann wollte schon abwinken. Altes Gemäuer, in dem die hohen Herrschaften logiert hatten, war so gar nicht sein Geschmack. Dann kam ihm ein Gedanke: »Eignen sich die als Location für einen Auftritt?«

Der Beamte zog die Schultern hoch. »Keine Ahnung, fragen Sie doch einfach mal nach auf Schloss Heesen **84** oder im Wasserschloss Oberwerries **85** .«

Sven war froh, als ein Kollege den Polizisten rief und dieser sich verabschiedete. Die Nähe der Leiche war ihm unheimlich. Lieber streunte er ein wenig durchs Gelände, bis Malte, Luna und Dumdum auf der Bildfläche erschienen.

Hey, Leute,

da bin ich wieder. Ich sag's euch. Es lohnt sich immer, die Ohren überall zu haben. Nachdem der Bulle, der eigentlich ganz nett war, mit mir fertig war, bin ich abgerauscht. Inzwischen war echt was los in dem Park. Also keine Besucher, sondern Leute, die da rumwuselten. Hundeschiss vom Rasen entfernten und den Stoßzahn polierten. Ich habe mich erst mal auf die Terrasse des kleinen Sees geworfen. Zwei Männer waren in einem Boot dabei, den Wal zu polieren. Cooler Job.

»Dann hast du jetzt wohl Ruhe«, meinte der Größere der beiden zu seinem Kollegen. »Nachdem der Lover deiner Frau tot ist.«

»Du musst gerade reden«, fuhr der andere so heftig auf, dass seine Brille fast ins Wasser gefallen wäre. »Dir kommt der Tod von Lothar doch gerade recht. Jetzt bleibt ihnen nichts anderes übrig, als dir den Job zu geben.«

Der Große knallte seine Bürste auf den Wal. »Willst

du damit etwa sagen, ich hätte etwas mit seinem Tod zu tun?«

Das war der Moment, ab dem ich meine Lauscher besonders aufgesperrt habe. Man hilft ja immer gern und das, was die da bequatschten, wussten die Bullen sicher nicht.

»Als Parkwächter hast du Schlüssel zu allen Häusern, da kannste sicher viel besser deine krummen Dinge drehen«, meinte Mister Brille, der wenig später Mister Brillenlos war, weil der Große ihm die Bürste ins Gesicht schlug. Volle Kanne, ich konnte das Knirschen von Weitem hören. Keine Ahnung, ob von der Brille oder vom Nasenbein. Jedenfalls habe ich mir vorgenommen, dem Großen besser aus dem Weg zu gehen. Kein freundlicher Zeitgenosse, kann ich euch sagen. Wer weiß, was noch passiert wäre, wenn nicht jemand gerufen hätte: »Addi, Walter, dauert das da eigentlich noch lange? An so einem Wal schrubbt man doch keine Stunde!«

Die beiden haben sich vom Acker, äh, vom Wasser gemacht. Ich war froh, ein Toter am Tag reicht einfach.

CU, Kempi

»Frau Möllenkamp, wir müssten Ihnen einige Fragen zu Ihrem Mann stellen.« Bernd Göllner hasste es, die Nachricht vom Tod eines Angehörigen zu überbringen. Meist brachen die Hinterbliebenen zusammen und bekamen keinen klaren Gedanken heraus und die weitere Befragung war dahin.

Die Bemerkung von Frau Möllenkamp: »Bitte fragen Sie«, irritierte ihn deshalb besonders.

»Sie haben mich aber schon verstanden. Ihr Mann ist tot«, wiederholte Bernd Göllner zur Sicherheit. Vielleicht stand die Frau unter Schock und hatte nicht begriffen, was geschehen war.

Frau Möllenkamp sah ihn entrüstet an. »Halten Sie mich für blöd, oder was? Das habe ich schon verstanden. Mein Mann lag heute Morgen tot im Schmetterlingshaus.«

Der Kommissar zuckte bei dem scharfen Ton der Frau in den 40ern zusammen. Er entschloss sich, mit der Befragung zu beginnen, um sich keinen weiteren Rüffel abzuholen. »Haben Sie eine Idee, wer das getan haben könnte?«

Das Lachen der Frau erschreckte ihn. Wo war er hier hingeraten?

»Für die Liste brauche ich aber eine Weile!« Hohn troff auch aus ihrer Stimme. »Wissen Sie, mein Mann hatte ein ganz besonderes Hobby. Er sammelte Frauen wie andere Männer Briefmarken.« Sie lachte wieder auf. »Nur ein Beispiel. Wir waren am vorletzten Sonntag am Haarener See 86. Er hat bestimmt fünf oder sechs Beachvolleyballerinnen nach ihrer Telefonnummer gefragt.« Sie schnaufte verächtlich. »Die Frauen haben mich so mitleidig angesehen.« Sie schüttelte den Kopf. »Ich bin ehrlich froh, dass ich das nicht mehr erleben muss.«

Bernd Göllner wusste nicht, was er sagen sollte. Er widmete sich seinem Notizbuch. »Haben Sie Ihren Mann denn heute Nacht nicht vermisst?«, fragte er. Es hatte sich schon öfter bewährt, Äußerungen unkommentiert stehen zu lassen.

Frau Möllenkamp kniff die Augen zusammen. »Sehr helle sind Sie nicht, oder? Ich habe Ihnen gerade erklärt, dass mein Mann ständig andere Frauen hatte. Glauben Sie, da achte ich noch darauf, ob er nachts zu Hause ist, oder nicht?«

Langsam ging Bernd Göllner die Frau auf die Nerven. Wäre sie das Opfer, hätte er ihren Mann gut verstehen können. »Dann schreiben Sie mir die Namen der Freundinnen auf«, sagte er und erschrak über den bestimmten Ton. Rasch fügte er ein »bitte« hinzu. »Ich sehe mir derweilen die persönlichen Unterlagen Ihres Mannes an.«

Erleichtert bemerkte der Kommissar, dass die Witwe ihm bereitwillig das Arbeitszimmer ihres Mannes und seine Schränke zeigte, ehe sie ein Blatt Papier aus der Schublade nahm und die Liste schrieb.

Ich sag's euch, Leute! Hey, übrigens! Da bin ich wieder in eine Sache reingeraten. Ehrlich, wieso eigentlich immer ich?

Nach dem Genörgel der Passanten gestern Morgen habe ich mit Spritty die letzte Nacht auf dem Gelände der Zeche Radbod **87** *verbracht. Sozusagen unter dem Schutz eines alten Förderturms gepennt. Und zwar bis in die Puppen. Auf meiner Joggingrunde habe ich ein paar geile Bräute getroffen. Eine von ihnen machte gerade schlapp und heulte. Nicht mein Fall. Als ich vorbeilief, hörte ich, wie die eine zu der anderen meinte: »Mensch, dieser Lothar Möllenkamp war doch sowieso ein Arsch. Der hatte ständig neue Frauen am Start.«*

Ich tat, als müsste ich mir den Schnürsenkel zubinden und lauschte, was die Bräute sonst noch von sich gaben. »Sei froh, dass du den so elegant losgeworden bist«, fand die dritte Perle.

Puh, ich kriege jetzt noch eine Gänsehaut, wenn ich daran denke, wie die Mädels über uns Männer abgelästert haben. Nee, das braucht keiner, sag ich euch. Irgendwann bemerkte mich eine. »Guck mal, der da, mit dem geilen Knackarsch.«

Da habe ich nur kurz mit meinem Hintern gewackelt und bin abgehauen. Wusste sowieso das Wichtigste. Der Tote, den ich gefunden hatte, war kein Kostverächter, was Frauen anging, und nicht zimperlich, wenn er die Nase voll hatte von einer Perle.

Da hat mein neuer Bullen-Freund wohl einiges zu tun. Ich werde direkt mal checken, wie weit er gekommen ist.

Bis später, Kempi

Bernd Göllner war froh, dass er als Kommissar der Mordkommission einige Aufgaben delegieren konnte. Die Liste, die die Witwe Möllenkamp ihm überreicht hatte, war tatsächlich sehr lang geworden. Aus Erfahrung wusste er, dass jede Freundin oder Exfreundin gleich zwei Tatverdächtige bedeutete, die Frau und ihren möglicherweise eifersüchtigen Partner. Da waren Brüder, die für die Ehre ihrer Schwester töteten, noch nicht eingerechnet.

»Wie weit seid ihr mit der Liste gekommen?«, erkundigte er sich bei den jungen Beamten, denen er die lästige Aufgabe übergeben hatte.

»Zum Glück ist Urlaubszeit«, antwortete eine junge Frau. »Da sind viele verreist.«

Was sonst oft hinderlich war, kam ihnen in diesem Fall zu Hilfe. Wer auf den Seychellen oder in Kroatien weilte, hatte mit großer Wahrscheinlichkeit nicht vor zwei Tagen Lothar Möllenkamp erschlagen. Inzwischen wussten sie, dass er mit einem der Spaten getötet worden war, die im Abstellraum des Schmetterlingshauses aufbewahrt wurden. Der Täter hatte keine eigene Waffe mitgebracht. Und da Lothar Möllenkamp nicht mehr dazu gekommen war, das Schmetterlingshaus abzuschließen, ehe er erschlagen wurde, hatte jeder die Tatwaffe aus der Kammer nehmen können. Diese Umstände halfen ihnen bei der Ermittlung nicht weiter. Noch hofften sie auf Fingerabdrücke und darauf, dass der eine oder andere sagte oder sich versprach, dass er nachts auf dem Gelände gewesen war, auch wenn dies nicht erlaubt war.

»Die meisten Frauen sind gerade verreist«, berichtete die junge Kollegin. »Die anderen habe ich teilweise erreicht. Manche wussten nicht mal, von wem die Rede war. Erst als ich ihnen Lothar Möllenkamp beschrieb, erinnerten sie sich, dass sie vor Jahren eine Affäre mit ihm gehabt hatten.«

Bernd Göllner sah die Kollegin an. »Diese Möllenkamp hat echt eine Meise. Die hat also seit Jahren die Namen der Geliebten ihres Mannes gesammelt.«

»Hat sie dir eine fertige Liste präsentiert?«, wollte seine Kollegin wissen.

»Nein!« Bernd Göllner schüttelte fassungslos den Kopf. »Die hat sich hingesetzt, während ich die

Schränke durchgesehen habe und, ohne nachzudenken, einen Namen nach dem anderen aufgeschrieben.«

Die junge Frau betrachtete die Liste. »Sogar in alpha-
betischer Reihenfolge. Die scheint echt etwas strange
zu sein. Habt ihr überprüft, ob sie die Täterin sein
könnte?«

Bernd Göllner nickte. »Klar. Die hätte ich echt gerne
einbuchtet. Aber sie hat keinen Führerschein und niemand kann sich erinnern, sie in der Nacht mit einem
Taxi kutschiert zu haben.«

»Vielleicht ist sie mit dem Fahrrad gefahren.« Die
Kollegin ging zu der Karte von Hamm, die an einer
großen Pinnwand hing. »Sie wohnt in der Nähe vom
Gradierwerk **88**, hier ist der Maxipark. Möglich ist
das schon.«

Der Kommissar schüttelte unwillig den Kopf. »Möglich, ja. Aber wenn du sie erlebt hättest, wäre dir klar,
dass die nicht auf ein Fahrrad steigt. Dazu ist sie sich viel
zu fein.« Er lachte. »Ehrlich, die hat sich aufgeführt, als
wäre sie etwas Besseres, dabei war ihr Mann auch nur
Parkwächter im Maxipark und sie macht Stadtführungen. Zumindest hat sie mir ausführlich erklärt, warum
sie ihre Stadtführungen am Bahnhof **89** beginnt.«

Seine Kollegin lachte. »Na, da hat sie ja den Richtigen erwischt. Du und Stadtführungen.«

Ehe Bernd Göllner darauf antworten konnte, trat ein
uniformierter Kollege zu Ihnen. »Die Leitung des Maxiparks hat sich gerade gemeldet. Sie haben etwas Merkwürdiges festgestellt.«

Hey, ihr Nachteulen,

der Gig heute war wieder super, ich gucke gerade die Bilder durch, die Lunas Freundin mit meiner Kamera gemacht hat. Ich sehe wirklich gut aus, wenn ich das mal so sagen darf. Oder?

Geile Träume, Kempi

Da bin ich noch mal. Spiele gerade Original und Fälschung. Kennt ihr das, wo man zwei Bilder vergleicht und die Unterschiede sucht? Ich habe auf meiner Speicherkarte Fotos gefunden von dem Tag, bevor ich den Toten entdeckt habe. Da war ich das erste Mal im Schmetterlingshaus, um die Viecher für euch zu fotografieren. Das hatte ich total vergessen.

Jetzt sitze ich hier und gleiche meine Fotos mit denen aus der Zeitung ab, da ist nämlich irgendetwas komisch. Ich weiß noch nicht was, aber auf meinen Bildern sieht alles anders aus. Ich meine, wer räumt in der Nacht so einen Laden um? Da stehen doch nur Pflanzen und da flattern Schmetterlinge. Massig Schmetterlinge. So wie der hier. Und der.

Wie heißen diese Riesenbiester eigentlich? Wartet mal.

Schluck, da bin ich wieder. Das ist voll der Hammer, was ich gerade entdeckt habe.

Mist, mein Akku ist leer. Melde mich morgen.

CU, Kempi

Nach dem Anruf aus dem Maxipark hatte Bernd Göllner sich sofort auf den Weg gemacht. Völlig umsonst, wie er fand. Eine hysterische Frau hatte ununterbrochen auf ihn eingeredet. Warum Lothar Möllenkamp für einen Atlas und eine Spinne ermordet worden sein sollte, hatte er allerdings nicht verstanden.

Mehr Erfolg versprach er sich von dem, was er nebenbei mitbekommen hatte, als er in der Verwaltung wartete. Ein Mann gratulierte einem anderen zu der neuen Stelle als Parkwächter. Man hatte nicht lange gebraucht, um die Stelle Lothar Möllenkamps wieder zu besetzen. Ob sich hier ein Motiv auftat? Bisher wies außer den Frauengeschichten, die alle im Sand verlaufen waren, nichts auf einen Täter hin.

Nicht einmal seine Frau hatte außer mehr Ruhe etwas von seinem Tod. Im Gegenteil. Sie hatte keine feste Stelle, die Stadtführungen waren mehr Ehrenamt als Job, leben konnte sie davon nicht. Ohne das Einkommen ihres Mannes würde sie das schicke Haus in der Nähe des Stadtparks kaum halten können.

»Entschuldigung, ich würde gerne den Personalleiter sprechen«, bat Bernd Göllner einen Mann, der mit Akten an ihm vorbeilief.

»Da ist das Sekretariat«, antwortete dieser kurz angebunden und verschwand hinter einer Tür.

Der Kommissar klopfte an die Tür und trug sein Anliegen vor, während er den Raum betrat. Ein junger Mann erhob sich und kam hinter dem Schreibtisch hervor, um Bernd Göllner über den Flur zu einem Büro zu geleiten.

»Das ist Herr Göllner von der Kriminalpolizei«, stellte er den Kommissar vor.

»Danke, wir kennen uns«, winkte die Frau ab, die hinter dem breiten Schreibtisch saß.

Bernd Göllner schluckte. Das war eine der Frauen, die er selbst als Geliebte von Lothar Möllenkamp befragt hatte. Auf die Idee, sich nach ihrem Arbeitgeber zu erkundigen, war er nicht gekommen. Sie hatten die Frau von der Liste gestrichen, weil sie an dem Tag, an dem Lothar Möllenkamp starb, in einem Wellnesshotel übernachtet hatte. In welchem Wellnesshotel eigentlich? Hatten die Kollegen das wirklich überprüft?

Mann, Mann, ich sag's euch, das ist ein Ding. Ich komme gerade aus dem Maxipark. Musste doch checken, ob das, was ich bei meinem Bildervergleich festgestellt habe, stimmte.

Als Erstes stolzierte mir der große Walschrubber über den Weg. Ehrlich, er gockelte daher, als gehört ihm der Park.

»Was wollen Sie schon hier?«, maulte er mich an, dabei war es kurz vor Öffnung des Ladens und die Braut am Eingang hat mich durchgelassen. Das ist der Grund, warum ich immer ein T-Shirt der Wildscheine trage, auf dem mein Face zu sehen ist, da weiß jeder am Ort gleich, dass ich ein VIMIT bin. Ein very important Musicman in Town.

Der Walschrubber-Gockel meinte, das ginge gar nicht, dass ich fünf vor zehn im Park unterwegs wäre. Er hätte schließlich die Verantwortung als oberster Parkwächter.

Fast hätte ich gesagt: »Ach nee, vorgestern warst du noch unterster Walschrubber.« Hab mich grad noch zusammengerissen und angeboten, die fünf Minuten bis zur Öffnungszeit auf der Stelle stehen zu bleiben. »Ist doch cool, haben Sie eine zusätzliche Attraktion«, habe ich ihm erklärt. Das fand er nicht witzig, das konnte ich an seinem Gesicht ablesen. Aber er ist abgezischt und hat mich stehen lassen. Wetten, dass der sich zigmal umgesehen hat, um zu checken, ob ich noch dastehe. Stand ich natürlich. Irgendwie war das geil, so als lebende Statue in dem Park. Ich glaube, das mache ich öfter mal. Bin extra länger stehen geblieben. Bis die Heultusse an mir vorbeiging, die ich beim Joggen getroffen hatte. Dieses Mal allerdings im hübschen Kostümchen mit hochgestecktem Haar.

Ich zum Schmetterlingshaus, wo ich die Mieze traf, mit der ich den Toten gefunden hatte. Zuerst habe ich sie nach der Heulsuse ausgefragt, ist wohl ein hohes Tier in dem Laden. Dann habe ich sie überredet, mich noch einmal ins Schmetterlingshaus zu lassen. Die beste Aktion ever, sag ich euch. Sie hat mich begleitet und den Verdacht bestätigt, der mir nach meinem Bildvergleich und einer Internetrecherche gekommen war.

Da muss ich noch eben was checken.

Bis später, Kempi

Nach seiner Rückkehr aus dem Maxipark hatte Bernd Göllner seine Mitarbeiter angewiesen, noch einmal jede Frau auf der Liste der Witwe zu überprüfen, ob es aktuell noch Kontakte zu dem Toten gegeben hatte. Drei Teams hatte er durch die Stadt gejagt, um jeden Verdacht auszuschließen. Außer den Frauengeschichten gab es weiterhin kein Anzeichen für ein Motiv. Die Spurensicherung hatte das Schmetterlingshaus samt Abstellraum und Eintrittskanal erneut durchkämmt und jede Faser eingetütet und überprüft. Keine außergewöhnlichen Gegenstände oder Fingerabdrücke.

»Der Täter hat definitiv Handschuhe getragen«, begann der Leiter der Spurensicherung beim morgendlichen Jour fixe seinen Bericht. »Wir haben uns das bereits nach der Analyse der Tatwaffe gedacht.« Er wies auf das Bild des Spatens, das der Beamer an die Wand warf.

»Inzwischen haben wir die Fingerabdrücke der Mitarbeiter, die Zugang zum Schmetterlingshaus hatten, mit denen auf der Tür zum Abstellraum abgeglichen. Jede Menge Übereinstimmungen, zwei auch mit Spuren auf dem Spaten. Aber die beiden Männer sind Gärtner.«

Bernd Göllner warf dem Kollegen, der neben ihm leise summte: »Der Mörder ist immer der Gärtner«, einen tadelnden Blick zu, der umgehend wirkte.

»Vielleicht ist einer der Gärtner wirklich der Mörder«, warf der Kollege mit dem Summ-Talent ein.

Die anderen Polizisten nickten. »Ist doch super, wenn deine Fingerabdrücke ohnehin schon auf der Tatwaffe sind.«

»Halt, Stopp!«, beendete der Leiter der Spurensicherung die Diskussion. »Wir haben nicht aus Jux und Dollerei vermutet, dass der Täter Handschuhe getragen hat. Die vorhandenen Fingerabdrücke waren an einigen Stellen verwischt.«

»Mensch, Gärtner tragen doch sicher auch manchmal Handschuhe!«

Bernd Göllner sog die Luft ein. Der Summ-Kollege ging ihm auf die Nerven. Doch leider konnte er seinen Einwand nicht einfach abbügeln.

»Was habt ihr über die Ehefrau herausbekommen?«, erkundigte er sich. »Ehrlich, die wäre mir als Täterin am liebsten.«

Die junge Kollegin grinste. »Das verstehe ich gut. Als ich bei ihr war, um sie nach ihrem Alibi zu befragen, hat sie sich aufgeführt. Der täten ein paar Jahre hinter Gittern echt gut.«

»Leider haben wir das nicht zu entscheiden.« Bernd Göllner seufzte. »Wir können nur versuchen, die passenden Beweise zu finden. Und damit sieht es richtig mau aus, oder?«

Alle sahen betreten auf den Tisch. »Die einzige Macke, die dieser Möllenkamp hatte, waren die Frauen. Seinen Job als Parkwächter hat er vorbildlich versehen, weshalb er zum Oberparkwächter ernannt wurde.«

Bernd Göllner erinnerte sich daran, was er auf dem Gang in der Verwaltung mitbekommen hatte. »Was ist eigentlich beim Check des Nachfolgers herausgekommen?«

Die Streifenkollegen blickten sich an und zogen fragend die Augenbrauen hoch.

»Hat den denn keiner von euch überprüft?« Bernd Göllner hieb zornig mit der Faust auf den Tisch. »Das kann doch nicht sein, dass uns solch ein Fehler unterläuft.«

Seine Mitarbeiter machten sich klein bis auf die junge Frau, die zaghaft anmerkte. »Es tut mir leid, aber ich

weiß nichts von einem Nachfolger. Die Info muss rein-
gekommen sein, als ich zu Tisch war.«

Einer nach dem anderen erklärte, dass er keine Anwei-
sung bekommen hatte, den Nachfolger von Lothar Möllenkamp zu überprüfen und nicht einmal wusste, wer
der Nachfolger war.

Bernd Göllner holte sein Notizbuch aus der Tasche.
»Eduard Baumann, 52 Jahre alt«, las er vor. »Hat sich
schon früher einmal um den Job als Oberaufpasser bewor-
ben, aber Lothar Möllenkamp hat die Stelle bekommen.«

»Und der ist jetzt sein Nachfolger?«, hakte der Kollege mit dem Faible für Gärtner-Mörder nach.

»Ich dachte, ich hätte euch das mitgeteilt«, sagte Bernd
Göllner kleinlaut, während er den Namen überprüfte.
Wenig später erschien ein Bild auf der Leinwand, das die
junge Kollegin zu dem Ausruf veranlasste: »Den kenne
ich!«

*Internet ist so geil, sag ich euch, Leute, guckt euch die bei-
den Fotos hier an. Was fällt euch auf? Genau, auf dem
zweiten Bild fehlt ein Schmetterling. Dank der Mieze aus
dem Schmetterlingshaus weiß ich, was ihr nicht wisst, dass
dieser Schmetterling nicht etwa Verstecken spielt, sondern
verschwunden ist. Und zwar genau seit der Nacht, als dieser Lothar um die Ecke gebracht wurde. Kein Schwein
wäre darauf gekommen, hätte ich nicht das Bild gemacht.
Okay, vermutlich hätte es irgendwann jemand gemerkt,
aber der Typ, der üblicherweise das Faltergedöns versorgt,
liegt im Krankenhaus. Seine Vertretung hat keinen Plan,
was in dem Schmetterlingshaus los ist. Die Besucher hätten*

dem vermutlich vor der Nase einen Schmetterling wegtragen können. Die Braut, mit der ich den Toten gefunden habe, ist eine Aushilfe, sie schreibt über die Viecher und hat gleich gecheckt, was ich von ihr wollte. Sie hatte sogar vor einigen Tagen die Bullen angerufen, aber dieser Kommissar ist der absolute Loser. Der hat überhaupt nicht kapiert, dass sie ihm das Motiv für den Anschlag auf einem Tablett serviert. Er meinte nur, sie solle sich melden, wenn ihr etwas wirklich Wichtiges einfiele.

Wir haben noch bei ihr überprüft, ob es einen Handel für Schmetterlinge gibt. Yes! Und dieser Atlasspinner, der verschwunden ist, ist der größte Falter der Welt. Die gibt es bei uns gar nicht, sondern nur – ach fragt mich doch nicht, wo. Mit dem Mädel auf dem Schoß habe ich jedenfalls herausgefunden, dass bei Ebay gerade eine Auktion läuft. Anfangsgebot 10 Mille, aktueller Stand 25 Mille. Kein Plan, warum jemand so viel Knete für so einen Flattermann ausgibt.

Wir wollten gerade in die Auktion einsteigen, da gockelte der neue Oberwächter heran und meinte: »Was sitzen Sie hier so tatenlos herum? Haben Sie nichts zu tun?« Dabei linste er uns über die Schulter. »Sie wollen doch wohl nicht unsere Schätze verhökern«, meinte er und grinste dabei so dämlich, dass ich mich echt beherrschen musste, ihm nicht eine reinzusemmeln. Stattdessen habe ich gekontert, alter Skatspieler eben: »Na, für Sie ist das ja wohl deutlich leichter als für uns, oder?« Meine Sternstunde, sag ich euch! Fuck, der Display flackert verdächtig.

Ciao, Kempi

Als Bernd Göllner mit seiner jungen Kollegin auf den Parkplatz neben dem Eingang des Maxiparks fuhr, hätte er fast einen alten VW Bulli gerammt, der dort stand. Er beobachtete die Kollegin aus den Augenwinkeln, doch sie verzog keine Miene. Zum Glück war der Streifenwagen direkt vor den Eingang gefahren. Das hätte ihm gerade noch gefehlt, dass die Kollegen ihn bis zur Pensionierung mit seinen Fahrkünsten aufzogen.

Er ärgerte sich einfach, weil die Witwe mit ihrer Liste der Geliebten ihn so in die Irre geführt hatte. Sämtliche Beamten waren damit beschäftigt, die Frauen zu checken, dabei waren die Mitarbeiter des Parks untergegangen. Erst, als die Kollegin berichtete, woher sie den neuen Oberwächter kannte, war ihm das aufgegangen.

Bernd Göllner war richtig erleichtert, dass er seinen Zorn an der zurückhaltenden Kassiererin auslassen konnte. »Ich möchte sofort den Personalleiter sprechen«, herrschte er sie in einem Ton an, der sie klein werden ließ. Mit zittrigen Fingern wählte sie eine Nummer und hauchte: »Die Polizei will etwas von Ihnen.«

Während sie auf den Leiter der Personalabteilung warteten, schwärmten die uniformierten Beamten mit Fotos in der Hand aus, um im Park den Verdächtigen zu suchen.

Im gleichen Moment, als sich von dem Verwaltungsgebäude der Personalleiter mit großen Schritten näherte, joggte Sven Kempelmann aus dem Park. Er musste sein Tempo drosseln, um nicht in die Gruppe zu laufen.

»Ach, Sie kenne ich doch«, rief Bernd Göllner. »Bitte bleiben Sie kurz hier.«

Sven sah sich um, ob er gemeint war. Was wollte der Kommissar von ihm?

»Sie waren doch dabei, als ich mit der Frau gesprochen hab, die ihren Atlas vermisste, oder?«, fragte Bernd Göllner und gab mit dem Kopf der Kollegin ein Zeichen, den Personalleiter über den Verdächtigen zu befragen.

»Sie meinen den Atlasspinner?« Sven blieb stehen. Lieber wäre er weitergelaufen und hätte seinen Plan so durchgezogen, wie er ihn mit Birte, der Frau aus dem Schmetterlingshaus, besprochen hatte. Aber vielleicht konnte ihm der Kommissar sogar ganz nützlich sein.

»Genau, den meine ich. Warum hat die Frau nicht gleich gesagt, dass sie von einem wertvollen Schmetterling spricht.«

Sven verzog das Gesicht. Schade, dann hatte die Polizei den gleichen Verdacht wie er.

»Hier ist der Verdächtige nicht«, unterbrachen einige Uniformierte das Gespräch zwischen Bernd Göllner und Sven Kempelmann.

»Der Mann hat sich heute krank gemeldet«, sagte die junge Polizistin im selben Moment.

Svens Gesichtszüge entspannten sich, vielleicht kam es doch noch zu einem Showdown.

Hey, Leute,

vielleicht seht ihr mich morgen in der Zeitung. Das war der Wahnsinn. Fast hätte ich unseren Gig verpasst, Luna, Malte und Dumdum waren voll stinkig, als ich in letzter Minute mit Blaulicht gebracht wurde.

Ey! Denkt bloß nicht, die Bullen hätten mich wegen irgendwas hopsgenommen. Ich habe denen geholfen, einen Mörder zu schnappen, und so ganz nebenbei einen Handel mit seltenen Schmetterlingen auffliegen lassen.

Ich hatte euch doch erzählt, dass ich mit der Braut aus dem Schmetterlingshaus, die übrigens Birte heißt und wirklich süß ist, herausgefunden hat, dass bei Ebay der Schmetterling aus Hamm angeboten wurde. Ich habe mitgesteigert und dank meiner Super-Ebay-Erfahrung den Zuschlag bekommen.

Schon als der Typ sich fünf Minuten nach Ende der Auktion meldete, war klar, dass das nicht koscher war. Er teilte mir sofort den Übergabeort mit und wollte das Geld cash auf die Kralle.

Ich gebe zu, dass ich froh war, dass die Bullen mit von der Partie waren. So ganz ohne Knete bei dem aufzulaufen, wäre selbst mir etwas zu mulmig gewesen. Malte, Luna und Dumdum konnte ich nicht einweihen, weil das Treffen eine halbe Stunde vor dem Auftritt stattfinden sollte. Die wären ausgeflippt, sag ich euch. Die letzte Stunde vor dem Gig ist heilig. Da gehen wir das Programm noch mal durch und wehe, jemand ist nicht pünktlich.

Aber man muss Opfer für die gute Sache bringen. Als ich dem Kommissar in die Arme gelaufen bin, hatte ich gerade den Deal mit dem Schmetterlingshändler, der sich bei Ebay Watte nennt, abgeschlossen. Wer schon einen solchen Nickname wählt, muss doch ein Hirn aus Watte haben.

Nach langem Hin und Her hatte ich den Kommissar davon überzeugt, dass ich zu dem Treffen gehen würde. Trotzdem schlotterten mir die Beine, das gebe ich zu. Obwohl die Bullen mir das Foto ihres Verdächtigen zeigten. Ich war fest davon überzeugt, dass mich Eddi the Ex-Walschrubber, now the Oberwächter-Gockel, erwartete. Und der ist mal locker einen Kopf größer und ein paar Pfunde schwerer als ich und kann mit Spaten umgehen. Aber ich wusste, dass hinter den Büschen entlang des Bahngleises die Bullen lauerten.

Trotzdem war ich froh, dass ich mit meinem Verdacht falsch lag und plötzlich hinter der Veranstaltungshalle Walter, the Walschrubber, gegenüberstand. Er hielt eine Pappschachtel in der Hand und zischte: »Hast du die Kohle?«

In dem Augenblick erschien der Kommissar hinter Walter, the Walschrubber, auf der Bildfläche.

»Nein«, sagte er und winkte mit Handschellen, »nur ein bisschen Silber.« Ehrlich, das hat er gesagt. Ich dachte immer, solche Sätze denken sich nur Drehbuchschreiber aus.

Walter Walschrubber hat sich kurz gewehrt und dann nur noch Flüche ausgerufen, die wohl auf mich gemünzt waren. Obwohl gelegentlich auch der Name Lothar drin vorkam.

Der Kommissar hat mich nach meinem Auftritt angerufen und mir berichtet, dass Walter Walschrubber im Präsidium gestanden hat, dass er Lothar erschlagen hat. Nicht absichtlich, sondern weil er ihn dabei überrascht hat, wie er den Atlasspinner verstaut hat. Deshalb hatte er auch Handschuhe an, hat mir der Kommissar verraten, damit nichts von dem feinen Staub der Schmetterlingsflügel an seinen Händen haften bleibt.

Also, mir reicht das erst mal wieder. Wobei, so ein Foto von mir allein in der Zeitung. Nicht schlecht, oder?

CME, Kempi

81 Auf dem ehemaligen Gelände der Gartenschau lockt der Maxipark in Hamm Familien, Natur- und Kulturinteressierte mit ausgefallenen Garten- anlagen und Spielplätzen und einem wechselnden Kulturangebot.

82 Im Schmetterlingshaus im Maxipark sind Schmetter- linge und Pflanzen aus der ganzen Welt zu bestau- nen. Mit ein wenig Glück lässt sich sogar einer auf dem Kopf des Besuchers nieder.

83 Wo auch immer man in Hamm geht oder fährt, lachen einen freundlich Elefanten in der Größe eines jungen Elefanten an. Alle sind anders gestal- tet, sodass sich eine Elefanten-Rallye quasi anbietet.

84 Das Wasserschloss Heessen beherbergt heute ein Internat, das sollte dennoch niemanden abhalten, einen Blick auf die wunderschöne Außenfassade und in den kleinen Park zu werfen.

85 Auch im Wasserschloss Oberwerris logieren heute keine Grafen oder Fürsten mehr, sondern Mitarbei- ter verschiedener Verwaltungen und gelegentlich auch Teilnehmer des Deutschen Sportbundes, die dort Seminare besuchen. Ein Geheimtipp für Lieb- haber alter Schlösser und schöner Gärten.

86 Der Haarener See in Hamm-Uentrop ist ein Beispiel dafür, was aus einem Baggersee werden kann: ein Freizeitparadies mit Sandstrand, Liegewiese, Beachvolleyballplatz und Wasserski-Seilbahn.

87 Auf dem Gelände der Zeche Radbod spiegelt sich die Entwicklung des Ruhrgebietes wider. Hier stehen noch Fördertürme, aber es haben sich auch bereits Unternehmen aus den unterschiedlichsten Branchen angesiedelt, sodass es immer etwas zu sehen gibt.

88 Wer in Hamm ist, sollte einen Besuch des Gradierwerk in Bad Hamm nicht verpassen, um eine Portion frischer Luft am Rande des Ruhrgebietes aufzunehmen.

89 In Hamm lohnt es sich auch als Zugreisender, kurz einmal auf den Bahnhofsvorplatz zu treten und die neobarocke, über 100 Jahre alte Fassade auf sich wirken zu lassen.

HALTERN – IM WALD
UND AUF DER HEIDE

»Och nö, muss ich da mit?« Der 22-jährige Tobias Henke sah seine Mutter Anja mit gerunzelter Stirn an. »Ein Spaziergang im Wald, das ist doch voll öde.«

Anja Henke seufzte. Sie verstand ihren Sohn so gut. In seinem Alter waren ihr Familienwanderungen ebenfalls ein Gräuel gewesen, aber ihre kleine Tochter Ida hatte sich nun einmal zum Geburtstag einen Bummel durch die Natur gewünscht.

»Tobi, du hast es versprochen«, erklärte Ida ihrem großen Bruder und stampfte dabei mit dem rechten Fuß auf. »Versprochen ist versprochen!«

Oliver Henke legte seinen Arm um Tobias' Schultern. »Mitgefangen, mitgehangen.«

»Was heißt das?«, wollte seine kleine Tochter sofort wissen.

Nun seufzte Oliver und seine Frau lachte. »Du weißt doch, dass du aufpassen musst, was du sagst.« Sie tippte ihrer Tochter auf die Nase. »Unser Naseweis hier will alles ganz genau wissen.«

Ida nickte, während sie sich die rote Steppjacke anzog. Sie lauschte auf die Erklärungsversuche ihres Vaters und beobachtete dabei ihren Bruder. Er zog sich langsam festes Schuhwerk an und verkündete schließlich: »Na, gut, dann gehe ich eben mit.«

Die ganze Fahrt über sang Ida das Lied, das sie in der Schule gelernt hatte. »Im Wald und auf der Heide, da such ich meine Freude, ich bin ein Jägersmann. Was ist ein Jägersmann?«, erkundigte sie sich gerade, als ihr Vater die Straße, die zu den Stauseen **90** führte, verließ und auf den Parkplatz an der Haard **91** fuhr.

»Da sind wir«, übertönte er mit einem Seitenblick zu seiner Frau die Tochter.

Sofort begann die Kleine an dem Sicherheitsgurt zu zerren. Rasch sprang ihr Bruder ein und half ihr aus dem Kindersitz, während Anja die Tür öffnete.

»Mmh, das duftet gut«, fand Ida und lief bis zur Straße. »Guckt mal, da sind Schafe.«

Am Beginn der Heidefläche auf der anderen Straßenseite lagen in der Tat einige schwarze und weiße Schafe und schienen sich zu sonnen.

»Das ist ja eine große Herde«, bemerkte Tobias, als er seine Schwester erreicht hatte. Er holte die Filmkamera hervor, ohne die er nicht aus dem Haus ging, und zoomte einen der Schafköpfe heran.

»Ida, komm noch mal, du musst andere Schuhe anziehen«, rief Anja ihre Tochter zurück. Während sie Ida die Outdoor-Schuhe zuband, fotografierte das Mädchen wahllos mit der Kamera ihrer Mutter.

»Auf geht's«, sagte Anja schließlich und nahm Ida die Kamera ab. Oliver wartete bereits mit Tobias an der Straße.

»Ich glaube, wir können die Straße überqueren«, meinte er und nahm Ida an der Hand.

»Wartet noch mal!«, rief Tobias in dem Augenblick.

Oliver sah ihn verblüfft an und Anja horchte auf. Etwas in der Stimme ihres Sohnes klang ungewohnt. Unsicher, gar nicht so selbstbewusst wie sonst.

»Was ist los?«, erkundigte Anja sich und blickte über die Straße. Auf der anderen Seite waren lediglich die Schafe zu sehen und viel Grün, unterbrochen von den violetten und weißen Blüten des Heidekrauts.

Tobias stellte sich neben seine Mutter und hielt ihr das Display seiner Kamera hin. »Guck mal da«, flüsterte er.

Oliver blickte ihn und Anja fragend an, während er Ida erklärte, welche Sträucher und Pflanzen auf ihrer Seite der Straße zu sehen waren.

Anja betrachtete den Bildausschnitt. Eines der schwarzen Schafe hatte dunkel glänzende rote Stellen in seinem Fell, die nach Blut aussahen. Sie dachte nach. »Sagt mal, hatten wir nicht beim letzten Mal an dieser Straßenseite Blaubeerbüsche gefunden?«, sagte sie dann. Erleichtert, dass ihre Tochter sofort darauf einging.

»Jaaaa!«, jubelte Ida. »Ich will Blaubeeren pflücken.«

Oliver versuchte sich über ihren Kopf hinweg mit Anja zu verständigen. Sie zog die Schultern hoch und machte eine Handbewegung, die zeigte, dass etwas unklar war.

»Mein Körbchen!«, forderte Ida und hüpfte vor dem Heck des Fahrzeugs auf und ab.

Oliver öffnete die Kofferraumklappe und nahm einen kleinen Korb heraus, den sie immer im Auto hatten, weil man nie wissen konnte, was Ida in den Kopf kam. »Dann machen wir uns auf die Suche«, verabschiedete er sich von Anja und Tobias.

Anja versuchte, ihren Sohn zu überreden, die anderen zu begleiten.

»Mir wäre es lieber, wenn du mit Ida mitgehst.«

Doch Tobias ließ sich nicht davon abhalten, ihr auf die andere Straßenseite zu folgen.

»Jetzt, wo hier endlich mal was los ist, pflücke ich bestimmt nicht Blaubeeren!«

Anja seufzte. Ihr Sohn war erwachsen, auch wenn sie das nicht wahrhaben wollte. Und seit sie die Krimibuchhandlung in Hagen eröffnet hatte, war die ganze Familie geeicht auf Situationen, in denen Morde oder andere Verbrechen geschehen konnten. Sie musste froh sein, dass Ida nichts von Tobias' Entdeckung mitbekommen hatte.

»Guck mal da!«, rief Tobias, der Anja um einen Kopf überragte, als sie die andere Straßenseite erreicht hatten.

Sie wusste sofort, was er meinte. Mitten unter den Schafen lag ein Mann auf dem Rücken, mit geschlossenen Augen und Bisswunden im Gesicht.

»Hallo!«, sprach Anja den Verletzten an. Er antwortete nicht.

Tobias kniete sich neben den Mann und hielt sein Ohr vor das Gesicht des Mannes. »Das haben wir im Erste-Hilfe-Kurs gelernt«, erklärte er, weil Anja ihn überrascht anschaute. »Keine Atmung.« Er fühlte nach dem Puls. »Auch nichts. Der ist tot, glaube ich.«

Anja holte ihr altes Handy aus der Tasche und wählte die 112. Gerade hatte sie erklärt, wo sie sich befanden, da erklang der Standardton eines Handys.

Tobias zeigte auf ein Smartphone, das neben dem rechten Bein des Mannes lag.

Anja zog ein Taschentuch aus ihrer Hosentasche und versuchte, das Gespräch anzunehmen, ohne das Smartphone mit ihren Fingern zu berühren.

Schließlich hörte sie eine Frauenstimme: »Seid ihr den Typen losgeworden?«

»Wer ist da?«, wollte Anja wissen.

»Äh, ist da nicht Arne Kowalski?«, gab die Frau am anderen Ende der Leitung zurück. »Dann habe ich mich wohl verwählt.«

Ehe Anja antworten konnte, erklang das Freizeichen. »Merk dir mal die Nummer!«, forderte Anja ihren Sohn auf und diktierte sie ihrem Sohn.

»Halt, gib mir mal dein Handy«, bat Tobias. Er nahm das Telefon, tippte die Nummer ein und speicherte sie ab. »Mensch, Ma, wird Zeit, dass du ein Smartphone kriegst«, meinte er. »Da hättest du eine ordentliche Notizfunktion.«

Anja hatte keine Zeit für eine Wiederholung der Diskussion, die sie seit drei Jahren führten. Sie nahm ihre Kamera und machte einige Fotos von dem Mann, auch wenn sie einen inneren Widerstand spürte. Aber sie war nun einmal Fotografin. Ihre Speicherkarte war ihr Gedächtnis und vielleicht konnten die Fotos der Polizei helfen, herauszufinden, was hier geschehen war.

»Glaubst du, er war das?« Tobias zeigte auf den Schäferhund, der soeben ein Schaf zurück zur Herde trieb.

Anja hatte sich noch keine Gedanken darüber gemacht, wer den Mann so zugerichtet haben mochte. Mit gemischten Gefühlen beobachtete sie, wie der Hund näher kam und begann, laut zu jaulen, als er den Mann erreichte. Er legte sich neben den Toten und heulte, wie sie es nur aus Filmen über Wölfe kannte.

»Ich glaube, der weint«, sagte Tobias mit brüchiger Stimme.

Auch für Anja hörte sich das Jaulen so an. Sie fotografierte die Szene, weil sie wusste, dass der Blick durch die Kamera ihr half, ihre Beklemmung in den Griff zu bekommen. Zu ihrer großen Erleichterung erschollen hinter ihnen die Signale der Einsatzwagen. Sie sehnte sich danach, ihre kleine Tochter in den Arm zu nehmen und ihre Fragen nach der Welt zu beantworten, solange sie nicht über den Toten sprechen musste.

»Ich hoffe, Sie haben nichts angefasst«, war das Erste, was Anja und Tobias von dem Polizisten hörten, der aus dem Einsatzwagen sprang.

Anja zog die Stirn kraus. Konnten Polizisten sich nicht erst einmal vorstellen? Mussten sie gleich so lospoltern? Sie hatte deutlich gesagt, dass der Mann tot war.

»Guten Tag, mein Name ist Anja Henke, das ist mein Sohn Tobias«, antwortete sie auf die Frage des Beamten.

Tobias grinste, schaute aber schnell weg, als der Polizist sein Gesicht verzog.

»Ich habe bereits erklärt, dass wir einen Toten zwischen den Schafen gefunden haben«, fuhr Anja ungerührt fort.

Eine dunkelhaarige Frau in einer Jeansjacke trat zu ihnen. »Ich bin Emine Yilmaz und für ungeklärte Tötungsdelikte zuständig.«

Als Anja die Hand der Frau zur Begrüßung schüttelte, verrutschte der Jackenärmel und sie erkannte ein kleines Schmetterlingstattoo auf dem Innenarm.

»Anja Henke«, stellte sie sich erneut vor. »Das ist mein Sohn Tobias. Mein Mann und meine kleine Tochter sind auf der anderen Seite im Wald.« Anja schilderte, wie sie den Toten gefunden hatten. Sie überreichte Emine Yilmaz das Handy in dem Taschentuch. »Es läutete, da sind wir drangegangen.«

Emine Yilmaz presste die Lippen zusammen und seufzte. Sie ging jedoch nicht darauf ein, sondern bat Anja, ihr die Kontaktdaten zu diktieren und danach den Tatort zu verlassen.

Anja war froh, als sie mit Tobias verschwinden konnte. Für ihren Geschmack hatte er zu großes Interesse an dem Toten und den Tätigkeiten der Einsatzkräfte gezeigt.

»Gehen wir jetzt zu den Schafen?«, lautete die erste Frage, als Anja und Tobias im Wald auf Oliver und Ida stießen.

»Das geht nicht«, antwortete Anja. »Ein Schaf ist krank, das muss erst gesund werden.«

Ida schaute misstrauisch. Ehe sie nachhaken konnte, stellte Anja sie vor die Wahl: »Möchtest du stattdessen ins Römermuseum `92` oder mit dem Schiff `93` fahren?«

Ida schob die Unterlippe vor. Sie schwieg eine Weile. »Ihr habt versprochen, dass wir etwas draußen machen.«

»Wir könnten zum Ketteler Hof `94` fahren«, bot Oliver an.

»Au ja!« Ida war sofort Feuer und Flamme.

Tobias stöhnte. »Och nö, da sind ja nur Kinder.«

Ida stieß ihm in die Seite. »Was heißt nur Kinder?«

»Halt, stopp!«, unterbrach Anja das Wortgefecht. »Ihr habt beide recht. Der Ketteler Hof ist vor allem für Kinder interessant. Außerdem waren wir da erst vor zwei Wochen. Wir fahren zum Festspielhaus 95 . Da gibt es einen Spielplatz, einen Tierpark, viele Wege zum Spazierengehen und für Tobias auch noch etwas anderes zu filmen als nur Kinder.« Sie schmunzelte, als sie sah, wie Ida schon wieder ein beleidigtes Gesicht zog. »Warte nur ab, bis du 22 bist, mein Schatz. Dann möchtest du auch nicht mit kleinen Jungs auf einem Spielplatz spielen.« Amüsiert beobachtete sie, wie Ida mit sich rang.

»Mit kleinen Jungs will ich heute auch nicht spielen«, sagte Ida schließlich und stapfte zum Auto, sodass jeder verstand, dass das Thema für sie erledigt war.

Im Auto erklärte Anja ihrem Mann leise, was geschehen war, während Tobias mit Ida laut sinnierte, ob das kranke Schaf in ein Schafkrankenhaus kam oder wo ihm geholfen wurde.

»Puh!«, seufzte Tobias, als das Schild Ruhrfestspiele zu sehen war.

Anja ahnte seine Gedanken. Ida hatte ihn wieder einmal mit ihren Fragen gelöchert. Ihre Tochter hatte es gut. Wie gern würde sie jemanden mit ihren Fragen über den Toten löchern. Sie konnte sich nicht vorstellen, dass der Schäferhund seinen Besitzer angefallen und zu Tode gebissen hatte, um sich dann neben ihm niederzulassen und seinetwegen zu heulen.

»Kann ich mal eben telefonieren?«, fragte sie Oliver, nachdem Ida sich auf das erste Klettergerüst gestürzt hatte.

Ihr Mann nickte und sie zog das Handy hervor, in dem Tobias die Rufnummer der Anruferin eingespeichert hatte.

»Leonore Gentsch«, meldete sich dieselbe Frauenstimme, die Anja bereits kannte. Sie notierte sich den Namen auf einer Visitenkarte, dem einzigen Papier, das sie in ihrer Kameratasche fand.

»Guten Tag, wir haben gerade telefoniert, weil sie Arne Kowalski sprechen wollten.« Ein direkter Überfall schien Anja der beste Weg, um eine Information zu bekommen.

»Was ist mit Arne? Ich habe es gerade noch mal versucht, da ist ein Mann ans Telefon gegangen. Der hat seinen Namen auch nicht genannt.« Die Stimme klang ernstlich besorgt.

»Wie sieht Arne Kowalski denn aus?«, erkundigte sich Anja. Ihr schlechtes Gewissen meldete sich zwar, aber ihre Neugier siegte.

»Das hat der Mann mich doch schon gefragt. Groß, schlank, braun gebrannt.« Das traf alles auch auf den Toten zu.

»Ein Ziegenbärtchen.« Davon war bei dem Toten nichts zu sehen, aber vielleicht hatte das Blut den Bart verdeckt. »Und einen Meckischnitt.« Anja musste kurz nachdenken, was ein Meckischnitt war. Die Bezeichnung nutzte heute kaum noch jemand. In ihrer Kindheit nannte man eine extreme Kurzhaarfrisur so und die hatte der Tote nicht getragen. Sie sah seine langen Haare unter dem Hut noch hervorscheinen.

»Wie alt ist Herr Kowalski denn?«, fragte sie einfach weiter. Zufrieden, als Leonore Gentsch bereitwillig antwortete: »23.« Dann wurde die Frau jedoch misstrauisch. »Wer sind Sie überhaupt? Ich dachte, sie wären eine Kollegin des Polizisten, der gerade angerufen hat.«

Anja schwindelte rasch, dass sie nur die Daten noch einmal überprüfen müsse und die Adresse benötigte.

»Im Moment bin ich im Künstlerhof Lavesum 96«, antwortete die Frau am Telefon, anscheinend besänftigt.

Anja verabschiedete sich rasch. Sie hatte bereits mehr Informationen bekommen, als sie erwartet hatte. Damit konnte sie zu Hause weiterarbeiten. Erst einmal musste sie sich um ihre Familie kümmern, Ida hatte bereits dreimal nach ihr gerufen.

Abends konnte Anja endlich in Ruhe im Internet stöbern. Ida lag völlig erschöpft im Bett, Tobias hatte sich mit seinen Filmaufnahmen im Zimmer verschanzt und Oliver bereitete sich an seinem Schreibtisch auf den nächsten Tag vor. Sie suchte nach Schäfer in der Haard und wurde sogleich fündig. Nun sah sie auch, wie der Mann mit dem entstellten Gesicht vor seinem Tod ausgesehen hatte. Auf dem Bild trug er einen Hut mit einer breiten Krempe und einen Umhang, neben ihm standen der Schäferhund und ein junger Mann mit einem Ziegenbärtchen und einem ähnlichen Hut auf dem Kopf wie der Schäfer.

»René Zielesch und Arne Kowalski«, las Anja. Der verschwundene Arne Kowalski war also Praktikant bei René Zielesch. Merkwürdig, dass dieser verschwunden war. Vor allem, dass er sein Handy zurückgelassen hatte. Als Täter wäre ihm doch daran gelegen, keine Spuren zu hinterlassen. Aber gerade deshalb war sein Verschwinden unsinnig. Jeder würde ihn als Ersten verdächtigen. So ging es ihr ja auch. Sie wusste sicher, dass kein Mensch in der Nähe des Toten gewesen war, als sie ihn fanden. Allerdings war auch der Hund erst später gekommen. Hatte Arne Kowalski sie gehört oder gesehen und war mit dem Hund weggelaufen?

Anja stand auf und ging zu Tobias' Zimmer hinüber. Sie klopfte an die Tür und fragte beim Eintreten: »Kann ich die Aufnahme von dem Schaf mit den Blutflecken noch einmal sehen?«

»Ich wollte dich schon rufen.« Tobias ließ den Film laufen. »Guck mal hier.« Er wies mit dem Finger auf eine Stelle im Hintergrund, die man kaum erkennen konnte.

»Was ist das?« In dem Film sah man nur, dass sich etwas bewegte, weil der Fokus auf die Schafe gerichtet war.

»Hier. Ich habe das Standbild vergrößert.« Tobias öffnete ein Foto und vergrößerte es so weit, dass man die unklare Stelle deutlicher sehen konnte. Zwei Schemen, einer zog einen anderen über den Boden.

»Siehst du den Hund da?« Tobias ging mit dem Cursor über eine Stelle, die nur schemenhaft wie ein Hund wirkte.

»Aber da ist auch einer!« Anja nahm einen Bleistift und zeigte mit der Spitze auf einen anderen Umriss, der nur vage zu erkennen war.

»Aber da war doch nur ein Hund!«, erinnerte sich Tobias. Er schaute hoch.

Anja ahnte, dass er das gleiche dachte wie sie. Auf dem Film war vermutlich der Hund zu sehen, der den Toten so zugerichtet hatte, und das war nicht der Schäferhund. Und daneben stand der Mensch, der möglicherweise den Befehl für den Angriff gegeben hatte.

»Wir müssen die Aufnahmen der Polizei bringen!«

Tobias nickte. »Schade, dass man die Männer nicht erkennen kann. Ich habe es bereits versucht, aber größer kriege ich sie nicht.«

Anja dachte nach. »Zeig mir noch einmal den Film von Anfang an.« Sie nahm Zettel und Stift vom Schreibtisch ihres Sohnes, um die Zeiten der wichtigen Sequenzen zu notieren.

Tobias ließ den Film laufen. »Ich habe anfangs einfach nur die Heide aufgenommen«, entschuldigte er sich, als endlose Bilder von Heidekraut und Heidegewächsen zu sehen waren. Zwischendrin die Schemen, die er vergrößert hatte. Dann ein Heißluftballon in der Ferne, dem er eine Weile gefolgt war. »Ich dachte, er stürzt gleich ab oder landet, weil er so tief fuhr«, erklärte er. Endlich tauchte das Schaf mit den Blutflecken auf.

»Das heißt aber doch, dass die beiden Typen eine ganze Zeit, bevor wir den Toten gefunden haben, unterwegs waren.« Anja schaute auf den Zettel, auf dem sie sich die Zeiten aufgeschrieben hatte. »Das sind ja bestimmt zehn Minuten. Du hast gefilmt, während wir noch mit Ida diskutiert haben, weshalb sie feste Schuhe anziehen muss.«

»Ob der Mann in dieser Zeit umgebracht wurde?« Tobias schüttelte sich.

»Das kann sein.« Auch Anja war nicht wohl bei dem Gedanken, der allerdings von einer anderen Überlegung verdrängt wurde. »Vielleicht liegt da noch einer im Gebüsch!« Sie schlug sich die Hand vor dem Mund, weil sie vergessen hatte, dass sie nicht mit ihrem Mann Oliver sprach, sondern mit ihrem Sohn Tobias.

»Ich rufe sofort die Polizei an!« Sie war froh, dass Emine Yilmaz ihr eine Visitenkarte aufgedrängt hatte und dass sie sofort das Gespräch entgegennahm.

»Anja Henke. Auf dem Film meines Sohnes ist uns etwas aufgefallen, das Sie unbedingt sehen müssen. Vielleicht liegt in einem Gebüsch hinter dem Heidefeld noch jemand.«

Kaum hatte sie zu Ende gesprochen, erklärte Emine Yilmaz, dass sie vorbeikommen würde. Anja hörte noch, wie sie den Kollegen ankündigte, dass sie das Gelände um den Fundort großflächig absuchen mussten.

»Am besten brenne ich der Kommissarin den Film«, meinte Tobias, nachdem Anja ihm erklärt hatte, dass die Polizei in wenigen Minuten erscheinen würde. »Was ist eigentlich mit deinen Fotos?«, fiel ihm dann ein.

Anja schüttelte den Kopf. Ihre eigenen Fotos hatte sie ganz vergessen. Rasch ging sie ins Wohnzimmer und lud die Dateien von der Speicherkarte auf ihr Laptop. Ehe sie die Bilder auf eine DVD kopieren konnte, klingelte es bereits an der Haustür.

»Guten Abend, danke, dass ich noch vorbeikommen durfte«, begrüßte Emine Yilmaz Anja.

Anja führte die Besucherin ins Wohnzimmer und bot ihr einen Platz an.

Die Kommissarin setzte sich auf den Rand des Sofas. »Ich muss gleich wieder«, entschuldigte sie sich. »Könnte ich bei Ihnen schnell eben in den Film hineinsehen«, bat sie, als Anja ihr die DVD in die Hand drückte.

»Aber klar.« Anja legte die DVD in ihr Laptop

Emine Yilmaz schaute ihr über die Schulter. Während die DVD lud, waren auf dem Bildschirm Anjas Fotos zu sehen.

»Was ist das denn?« Die Ermittlerin deutete auf die Vorschaubilder des toten Mannes, die bei Anja selbst als kleines Bild eine Gänsehaut hervorriefen.

»Mir ist gerade erst eingefallen, dass ich Fotos gemacht habe. Bis unsere Tochter im Bett ist, dauert es immer seine Zeit und der Haushalt«, entschuldigte sie sich vor der Kommissarin. Normalerweise hätte sie die Bilder längst angesehen, aber Ida war bei ihrer Heimkehr zunächst so aufgekratzt gewesen, dass daran nicht zu denken war.

»Darf ich mal sehen?«, bat Emine Yilmaz.

Anja klickte das erste Foto aus dem Ordner an.

»Wer ist das?«

Das fragte Anja sich auch. Auf dem Foto stieg ein jüngerer Mann aus einem leicht ramponierten Opel Corsa. »Das muss meine Tochter fotografiert haben, während ich ihr andere Schuhe angezogen habe.«

»Das könnte ein wichtiger Zeuge sein«, sagte die Kommissarin. »Die Fotos brauche ich ebenfalls.« Sie holte ihr Smartphone aus der Tasche, wählte eine Nummer und gab das Kennzeichen durch, das auf dem Foto zu erkennen war. »Ein grüner Opel Corsa«, fügte sie noch hinzu, ehe sie sich wieder an Anja wandte. Diese erklärte Emine Yilmaz, dass sie sie noch nicht auf einen

Datenträger gebrannt hatte. »Ach, wir können auch nicht die eine DVD ansehen und auf eine andere brennen«, seufzte sie. »Am besten gebe ich Ihnen die Speicherkarte mit.«

Anja suchte die Filmsequenz, auf der die beiden Menschen und die beiden Hunde zu sehen waren.

»Das sieht tatsächlich so aus, als würde jemand weggezogen«, fand auch Emina Yilmaz. Sie nahm ihr Smartphone und fotografierte den Bildschirm.

»Mein Sohn hat bereits ein Standbild vergrößert«, erklärte Anja ihr. »Soll ich Ihnen das mailen?«

Die Kommissarin nickte und wenig später zeigte ein leises Pling an, dass die Daten übermittelt waren.

»Ich schicke das eben an die Kollegen weiter«, sagte die Polizistin und stand währenddessen auf. Die DVD und die Speicherkarte aus der Kamera steckte sie in ihre Jeansjacke. Sie reichte Anja die Hand. »Sie haben uns auf jeden Fall sehr geholfen.«

Anja wollte gerade die Haustür hinter der Kommissarin schließen, als diese ein Telefongespräch entgegennahm. »Mhm, Enno Verweyen«, hörte sie noch und schloss leise die Tür, um sich unverzüglich an ihren Computer zu begeben und den Namen zu googeln.

»Ich liebe Facebook«, freute sich Anja leise, als die Suchmaschine ihr einen Enno Verweyen aus Haltern anzeigte.

»Ich denke, du liebst mich«, scherzte Oliver, der in dem Augenblick das Wohnzimmer betrat.

»Du weißt doch, Mütter können ihre Liebe teilen«, konterte Anja mit einem breiten Grinsen.

Oliver beugte sich über sie und gab ihr einen Kuss auf die Wange. »Was machst du da?«

»Ich suche jemanden«, erklärte Anja und schilderte ihm, was sie in Erfahrung gebracht hatte, während ihre Augen über den Bildschirm glitten. »Na, dessen Postings sind auch nicht ohne. Wenn der so ist, wie er sich in den Kommentaren gibt, möchte ich dem nicht im Dunkeln begegnen.«

Oliver las über ihre Schulter hinweg die Beiträge, die Anja markierte. »Puh, starker Tobak. Wie alt ist der? Klingt nach einem Pubertel.«

»Was klingt nach einem Pubertel?«, mischte sich Tobias ein, der beim letzten Wort das Wohnzimmer betreten und sich auf das Sofa geworfen hatte. Oliver grinste nur. »Du hast das doch hinter dir!«

Anja beachtete ihren Sohn nicht weiter. »Guckt euch das an. Welche Seiten der geliked hat. Aber er scheint sich für Pferde zu interessieren. Hier ist er in einer Gruppe namens Staffordshire. War das nicht die Ponyrasse, die Ida uns aufschwatzen wollte?«

Tobias hinter ihr prustete los. »Oh, Mann, Ma. Du hast echt keine Ahnung, oder?« Er nahm rasch die Füße vom Tisch, als Anja sich umdrehte.

»Was ist daran so lustig?«, wollte sie wissen.

»Staffordshire sind keine Ponys, sondern Kampfhunde. Staffordshire Bullterrier. Zumindest hier bei uns wird die Rasse als gefährlich eingestuft, die kannst du nicht einfach so in der Wohnung halten.«

Anja wandte sich wieder ihrem Laptop zu. Jetzt fielen ihr auch die anderen Fotos von Hunden auf, die wenig freundlich blickten. Sie scrollte weiter und blieb an einem Posting hängen, das einige Wochen alt war. Da erkundigte Enno Verweyen sich bei seinen Freunden, ob jemand einen Tipp hätte, wo man eine Ausbildung als Schäfer machen könnte. Jemand verwies ihn an René Zielesch. »Aber ich glaube, der hat schon einen Azubi«, lautete der vorletzte Beitrag, ehe Ennos Kommentar zu lesen war: »Hat mich das jemals abgehalten?«

Anja schauderte. Der Totenkopf hinter dem Posting verhieß nichts Gutes. Eigentlich hatte sie vorgehabt, diesen Enno über Facebook zu kontaktieren. Darauf verzichtete sie. Stattdessen wählte sie erneut die Nummer von Arne Kowalskis Freundin.

»Anja Henke, wir haben heute schon telefoniert. Sagen Sie, kennen Sie einen Enno Verweyen? Oder hatte Ihr Freund in der letzten Zeit Probleme mit einem Unbekannten?«, fragte sie ohne Umschweife in der Hoffnung, dass inzwischen nicht aufgeflogen war, dass sie gar keine Kripo-Beamtin war.

Anscheinend nicht. Leonore Gentsch antwortete nämlich bereitwillig. »Der Name sagt mir nichts, allerdings hatte Arne in den letzten Wochen öfter anonyme Anrufe. Völlig schwachsinnig. Er soll sich einen neuen Job suchen. Ich meine, wer ist so bekloppt und will Schäfer werden.«

Enno Verweyen, dachte Anja und das schien ihm durchaus wichtig zu sein. Womöglich besaß er einen Kampfhund. Das würde den zweiten Hund auf dem Film erklären und die Bissspuren im Gesicht des toten Schäfers.

»Hat Arne sich inzwischen gemeldet?«, erkundigte sie sich noch.

»Ich mache mir langsam wirklich Sorgen«, sagte die Frau.

Anja verabschiedete sich. Es sah ganz danach aus, als machte die Frau sich zurecht Sorgen um ihren Freund. Sie beschloss, nicht weiter auf eigene Faust zu ermitteln, sondern die Kommissarin anzurufen.

Sie wählte erneut die Mobilfunknummer und schilderte in knappen Worten ihre Überlegungen. Dann schwieg sie, hörte zu und schluckte. Bedrückt beendete sie das Gespräch.

»Wir hatten recht. Die Polizei hat Arne Kowalski schwer verletzt in dem Gebüsch gefunden. Sein Gesicht war unversehrt, aber sein Bein sieht nicht gut aus. Er war nur kurz bei Bewusstsein und konnte ›Angriff‹ und ›Stelle‹ flüstern.« Sie nahm das Glas Rotwein entgegen, das Oliver ihr hinhielt, und trank einen großen Schluck. »Die Polizei geht davon aus, dass dieser Enno Verweyen die Stelle von Arne Kowalski haben wollte und versucht hat, dies mit Gewalt bei René Zielesch durchzudrücken.«

Anja stellte das Glas ab und rieb sich die Arme. »Unfassbar, wie jemand auf eine solche Idee kommen kann.« Sie blickte ihren Sohn an.

»Ey, Mum, ich bin normal, vergiss das nicht. Wer so etwas macht, muss doch krank sein«, empörte sich Tobias.

Anja nickte. Anders konnte sie sich die Tat auch nicht erklären. Sie drehte sich zu ihrem Computer und löschte sämtliche Bilder, die sie an dem Tag gemacht hatte. »Bitte lösch den Film auf deinem Rechner auch, Tobias«, sagte sie. »Mit solchen Bildern im Haus fühle ich mich nicht wohl.«

»Habe ich längst«, entgegnete Tobias. »Meinst du, ich will einen solchen Scheiß auf dem Rechner haben. Womöglich kriegt Ida sie zu sehen.«

Wie aufs Kommando stand seine kleine Schwester mit ihrem Schlafbären in der Tür. »Ich kann nicht schlafen«, murmelte sie, obwohl ihr fast die Augen zufielen.

Anja wollte aufstehen, doch Tobias war schneller. »Regt ihr euch mal ab, ich mach das hier schon«, sagte er mit einem breiten Grinsen und verschwand, während Anja sich in den Arm ihres Mannes kuschelte und den restlichen Rotwein trank.

90 Rund um die Stauseen in Haltern gibt es so viel Freizeitangebote – vom Seebad bis zum Yachtclub, vom Spazierweg bis zu lukullischen Genüssen, dass ein einziger Tagesausflug nicht reicht.

91 Die Haard ist ein riesiges Waldgebiet am Rande des Ruhrgebiets in der Nähe der Halterner Stauseen, das für Spaziergänger wie Radfahrer viel Raum für Entspannung bietet.

92 Dort, wo einst die Römer ihre Eroberungszüge in Germanien planten, können sich heute Besucher einen Eindruck von der Kultur unserer Vorfahren verschaffen, dafür wurde eigens das Römermuseum in Halten eingerichtet.

93 Auf dem Fahrgastschiff Möwe, das über den Haltener Stausee fährt, kann man umgeben von Wasser und Wald die Seele baumeln lassen.

94 Seit Jahrzehnten ist der Ketteler Hof für Kinder in der Region ein beliebtes Ausflugsziel, wo früher nur ein Klettergerüst stand, lädt heute ein riesiger Spiel- und Mitmachpark zum Toben ein.

95 Die Ruhrfestspiele in Recklinghausen sind ein kulturelles Ereignis, das Menschen über die Region

hinaus anlockt. Aber auch außerhalb der Festspiel-
zeit lohnt sich ein Spaziergang auf dem Gelände
rund um das Festspielhaus.

96 Im Künstlerhof Lavesum mitten im Naturschutzgebiet Hohe Mark können Besucher erleben, wie
Kunstwerke entstehen und wenn sie wollen sogar
selbst aktiv werden.

LEMBECK –
DIE TOTE IN DER GRÄFTE

»Liebe Kumpel, als Vorsitzender der Bergmann-Veteranen der Zeche Ewald heiße ich euch herzlich auf unserem diesjährigen Vereinsausflug willkommen«, hallte es durch den Reisebus, in dem sich außer Hannes Haarmann 30 ehemalige Kumpel befanden. »Der Besuch der Zechensiedlung Hervest 97 war eine kleine Erinnerung an vergangene Zeiten. Ach, halt doch mal eben an«, bat der Sprecher den Busfahrer. Er deutete auf ein altes Tankstellenhaus 98 am Rand der Straße. »Wer seinen Hunger nicht bis zum Schloss Lembeck 99 zähmen kann, bekommt hier eine der besten Currywürste im Revier.«

»Dat merk ich mir«, rief Hannes Haarmann.

»Dat solltese auch, is wirklich lecka!«, brüllte ein anderer in den Bus. Einige der Teilnehmer nickten.

»Okay, dann fahr weiter«, forderte der Vorsitzende den Busfahrer auf. »Jetzt geht es zuerst zur Tüshaus Mühle 100 , damit ihr mal seht, wie früher das weiße Mehl entstand. Mit schwarzem Mehl kennt ihr euch ja selbst aus.« Er lachte und legte das Mikrofon beiseite.

Hannes Haarman seufzte. Er ärgerte sich bereits, dass er sich für die Fahrt angemeldet hatte. Ein ganzer Bus voller alter Männer, die wie er früher in die Zeche Ewald eingefahren waren. Das war Jahre her. Noch immer trafen sie sich einmal im Jahr zu einer gemeinsamen Fahrt, bei der alte Bergmannslieder gesungen wurden. Organisiert hatte die Tour wie jedes Jahr der erste und bisher einzige Vorsitzende Karlheinz Machnik.

Im letzten Jahr hatten sie das Jüdische Museum **101** besucht und waren anschließend mit der Lippe-Fähre **102** gefahren. Dieses Mal sollte es zum Schloss Lembeck gehen. Da wollte er immer schon hin, und nun gurkten sie von einer Sehenswürdigkeit zur nächsten. Vernünftig unterhalten konnte er sich mit den anderen auch nicht. Klar war es schön, mal von alten Zeiten zu sprechen. Aber die meisten nörgelten nur über das Zechensterben und ihren Ruhestand.

»Na, wat macht dein Detektivleben«, sprach ihn Lothar Büsken an, der Einzige, der halbwegs in Ordnung war.

»Geht so«, antwortete Hannes. Bloß nicht zugeben, dass es ihm gut ging und seine Tätigkeit Spaß machte.

»Is doch sicher schön, Männer beim Seitensprung zu beobachten«, fand Lothar Büsken.

Hannes Haarmann verzog keine Miene, auch wenn er innerlich lachte. Wenn der wüsste. Er zog als Antwort lediglich die Schultern hoch. »Und wat machs du so?«, erkundigte er sich, verärgert, dass er wieder in den Ruhrslang verfiel, sobald er mit den Kumpeln unterwegs war. Er hatte ihn sich so mühselig abtrainiert, um bei den reichen Leuten und Unternehmen, die ihn beauftragten, seriös zu wirken.

Lothars Antwort wurde von dem schrillen Läuten eines Handys übertönt. Karlheinz Machnik nahm ein

Gespräch entgegen. Hannes sah, wie sich das Gesicht verfinsterte.

»Wir fahren gleich zum Schloss«, sagte der Ausflugsleiter zu dem Busfahrer, während er nach dem Mikrofon griff. »Ich höre gerade, der Müller, der uns durch die Mühle führen wollte, ist krank. Wir fahren direkt zum Schloss.«

Hannes Haarmann seufzte erleichtert. Dann hatten sie mehr Zeit, um das Museum und den Schlosspark zu besichtigen. Er streichelte den Schäferhund, der zu seinen Füßen lag, über den Kopf. »Dir is dat auch lieber, wat Theo«, sagte er leise. Theo bellte laut. Der ganze Bus lachte.

»Dein Polizeihund hat wohl keine Lust auf Mehl, was?«, rief Egon Mehring, einer von Hannes Ex-Kollegen aus der vorderen Sitzreihe.

»Mir is auch lieber, dat wir gleich zum Schloss fahren«, meinte ein anderer. »Nachdem du von Currywurst geredet has, hab ich doch 'n bisken Hunger gekricht.«

Der Leiter der Gruppe nickte. »Dann schlage ich vor, dass wir noch einmal das Steigerlied singen, dann merkst du den Hunger nicht mehr.« Er gab einen Ton vor und alle stimmten ein, sodass die Zeit bis zur Ankunft im Schloss beinahe wie im Flug verging.

Kaum waren sie aus dem Bus gestiegen, stürzten die ersten sich auf die Kaffeetafel, die im Burghof für sie vorbereitet worden war.

Hannes blieb mit Theo auf der Brücke stehen. »Guck mal, wie sich das Grün in dem Wasser spiegelt«, sagte er, als könnte sein Hund ihn verstehen. Er wollte schon weitergehen, als etwas die schöne Spiegelung durchbrach. Zuerst dachte er, eine Ente schwämme mit dem Kopf unter Wasser durch den Burggraben. Dann sah er, dass es eine Frau war. Ihre langen Haare und ein weites schwarzes Kleid trieben auf dem Wasser. Er wartete kurz, ob die Frau eine Schwimmbewegung machte. Dann rannte er zur Kasse und erklärte der Mitarbeiterin, die dort saß, was er gesehen hatte. »Rufen Sie die Feuerwehr und die Polizei!«, bat er und hörte hinter sich ein Platschen.

Als er zurücklief, streifte ihn eine junge Frau in einem schwarzen Mantel.

»Hexenprobe!«, rief sie immer wieder. »Das ist die Hexenprobe.«

Hannes konnte nichts mit ihren Worten anfangen, aber er hatte auch anderes zu tun. Er beobachtete den Mann, der neben der Frau im Wasser stand. »Die gibt keinen Mucks mehr von sich«, rief er den Menschen zu, die sich auf der Brücke gesammelt hatten.

Hannes beobachtete die Schaulustigen. Da waren einige seiner Kumpel und erstaunlich viele Frauen. Alle 50 Jahre und älter, die meisten mit langen offenen Haaren und in merkwürdigen weiten schwarzen Kleidern. Sie sahen ein wenig aus wie Nonnen, aber irgendwie doch nicht. Zu gerne hätte er gewusst, was es mit der Gruppe auf sich hatte.

Ehe er eine der Frauen fragen konnte, hielten rasch hintereinander mehrere Fahrzeuge mit Blaulicht vor der Brücke. Aus dem ersten Polizeiwagen sprang ein uniformierter Beamter. Als er den jungen Mann mit der bewegungslosen Frau in der Gräfte sah, scheuchte er alle Zuschauer in den Burghof. »Bitte warten Sie, bis wir Ihre Daten aufgenommen haben und lassen Sie uns erst einmal versuchen, der Frau zu helfen.«

Hannes gelangte hinter dem Rücken des Beamten mit Theo auf den Platz vor dem Burggraben, während sich alle anderen in den Innenhof des Schlosses verzogen. Er stellte sich unauffällig neben einen Baum und beobachtete Feuerwehr, Notarzt und Polizei bei ihrer Arbeit. Da diese ihr Tempo irgendwann verlangsamten, wusste er, dass die Frau tot war.

Wie gut, dass ich die Fahrt mitgemacht habe, dachte er und tat ein paar Schritte nach vorn, um kein Wort von dem Gespräch der Rettungskräfte und Polizisten zu verpassen.

»So auf die Schnelle kann ich nicht sagen, woran die Frau gestorben ist. Sieht aber nicht so aus, als wäre sie ertrunken, eher danach, als wäre sie vergiftet worden«, hörte Hannes Haarmann den Notarzt sagen. »Der Kollege von der Gerichtsmedizin kann Ihnen da sicher mehr sagen.«

Es schien ganz so, als hätte er eine neue Aufgabe gefunden. Hannes pfiff leise vor sich hin.

»Was machen Sie da?«, herrschte ihn einer der Polizisten neben dem rot-weißen Absperrband an.

Hannes ärgerte sich, dass er das Pfeifen nicht unterdrückt hatte.

»Hier gibt's nichts zu sehen!«, sagte der Beamte und machte eine abwehrende Bewegung mit den Händen, als wollte er Hannes wie eine Schar Enten verscheuchen.

Am liebsten hätte der Privatdetektiv geantwortet: »Stimmt nicht. Hier gibt's viel zu sehen.« Er verkniff es sich, um die Polizisten nicht noch mehr gegen sich aufzubringen. »Ich war gerade mit meinem Hund hier draußen«, erklärte er stattdessen und wies mit dem Kopf auf Theo, der wie aufs Kommando bellte und das rechte Bein an einem Baum hob. »Man will ja den schönen Schlosspark nicht verunstalten.«

»Dann gehen Sie doch einfach weiter«, bat der Polizist in freundlicherem Ton.

»Das würde ich ja, aber ich bin mit einer Gruppe aus Bochum gekommen und die anderen sitzen jetzt alle im Schlosshof und trinken Kaffee. Nur ich kann da nicht durch!« Er zeigte auf das Absperrband, das die Einsatzkräfte zwischen die beiden Brückenpfeiler gespannt hatten.

Der Polizist sah ihn nachdenklich an.

»Das da ist unser Bus!« Hannes deutete auf den Reisebus mit dem Bochumer Kennzeichen, der auf dem Busparkplatz stand.

»Dann kommen Sie mit!«, forderte der Polizist ihn auf. Er hob das Absperrband, damit Hannes darunter durchschlüpfen konnte. Er ging in Begleitung des Uniformierten genau in dem Augenblick über die Brücke, als die Frau für den Abtransport in eine Zinkwanne gelegt wurde. Ihre langen Haare fielen nach unten. Jetzt sah Hannes, dass das schwarze Kleid, das die Tote auf dem Wasser umflutet hatte, ein Mantel war, dessen Schöße wie das Haar herabhingen. Darunter trug die Frau einen weiten schwarzen Rock und ein schwarzes

Oberteil, auf dem ein violettes Symbol prangte. Hannes bedauerte, dass er nicht sein Handy zücken und das Zeichen fotografieren konnte. Er prägte sich das Symbol ein, das aussah, als wären mehrere Brezeln ineinander verschlungen.

»So, von hier aus dürfen Sie allein weitergehen«, verabschiedete sich der Polizist, als sie das Flatterband erreicht hatten, das auf der anderen Brückenseite den Weg zum Schlosshof versperrte.

Hannes musste sich einen Weg durch die Schaulustigen bahnen, die unter dem Gewölbe standen. Sein Blick fiel auf eine Frau, die auf ihrem Oberteil das gleiche Symbol wie die Tote trug. Als er genau hinsah, bemerkte er, dass die schwarz gekleideten Frauen, die ihm vorher aufgefallen waren, sich an der Wand drängten und den Abtransport der Toten beobachteten.

»Das kann doch gar nicht sein«, flüsterte eine Frau ihrer Nachbarin zu.

Hannes horchte auf. Er zog Theos Leine enger zu sich heran und platzierte sich hinter der Frauengruppe.

»Psst!«, zischte eine Frau, die die anderen um einen Kopf überragte und durch ihre Körpergröße und Körperfülle mächtig wirkte.

»Ich habe gleich gesagt, dass es gefährlich ist, das zu probieren«, wisperte die erste Frau zurück. Hannes bemerkte die Tränen in ihrem Gesicht. »Amanita war auch dagegen und nun ist sie tot.«

Amanita, den Namen hatte Hannes noch nie gehört. Er speicherte ihn dennoch ab und wartete ein wenig, ob er aus dem Gespräch etwas Interessantes erfuhr. Die

Frauen schwiegen jedoch. Er wollte sich gerade abwenden, als ein Polizist auf die Frauen zukam.

»Wer von Ihnen kann uns etwas über Renate Meyer sagen?«, fragte er die Frauen.

Im ersten Moment stutzten sie alle. »Ich kenne keine Renate Meyer«, antwortete eine beherzt.

Hannes sah, wie eine andere ihr den Ellbogen in die Seite stieß.

»Mensch, Renate Meyer ist doch Amanita!«

So war das also. Doch warum gaben sich die Frauen derart merkwürdige Namen? War das ein Karnevalsverein oder eine von diesen Gruppen, die bei den Mittelalterspielen mitmachten? Er zog sein Handy hervor und versuchte unauffällig, das Symbol auf der Brust einer der Frauen zu fotografieren, damit er in Ruhe überprüfen konnte, was es damit auf sich hatte. Bestimmt war das ein Vereinszeichen wie die gekreuzten Hammer ihres Clubs der Bergmann-Veteranen.

Die hatte er ganz vergessen. Sie saßen sicher noch immer an der Kaffeetafel und warteten auf ihn. Hannes schwankte. Zu gerne hätte er mit angehört, was die Frauen dem Polizisten erzählten. Er konnte es aber nicht riskieren, seine Gruppe zu verlieren.

Etwas erleichtert verfolgte er, dass der Polizist die Frauen in den Kassenraum bat. Da konnte er ohnehin nicht zuhören, so verpasste er wenigstens nichts.

»Komisch, dass ausgerechnet Amanita den Trank nicht vertragen hat, oder?«, hörte er die letzte Frau sagen. »Als Heilpraktikerin hätte gerade sie wissen müssen, welche Pflanzen gefährlich sind und welche nicht.«

»Na ja, Saxitana war schon sehr bestimmend, dieses Mal, findest du nicht auch? Fast schon unangenehm«, war das letzte, was Hannes hörte, ehe sich die dicke Eichentür hinter den Frauen schloss.

Unzufrieden machte er sich auf die Suche nach seiner Gruppe, die ihn mit großem Hallo begrüßte und auf die Wasserschale verwies, die für Theo unter dem Tisch bereitstand.

Eigentlich sind das ja doch feine Kerle, dachte Hannes und trank mit Genuss eine Tasse schwarzen Kaffee, während er über die Tote und die schwarz gekleideten Frauen nachdachte.

»Mensch, Hannes, du sagst ja gar nichts«, unterbrach Lothar Büsken seine Grübeleien. »Komm, wir wollen eine Runde durch den Schlosspark machen.«

Lieber hätte Hannes mehr über die Tote und die schwarzen Frauen erfahren. Die waren allerdings mit dem Polizisten im Schloss verschwunden, sodass er sich genauso gut an dem Spaziergang beteiligen konnte. Plaudernd zog die Gruppe los und umkreiste den kleinen See.

»Guckt euch das an, da haben doch die Gärtner ihr Frühstück liegen lassen«, rief ein Teilnehmer, als sie sich dem Ende des Gartens näherten. Verborgen hinter einer Baumgruppe standen Schalen, Taschen und ein Bunsenbrenner.

»Die kochen hier wohl Kaffee, was?«, scherzte ein anderer.

»Komisch, dass Gärtner solche Taschen mit zur Arbeit nehmen«, sagte Hannes und starrte die schwarzen Stofftaschen an.

Ein Kumpel ging zu dem Stillleben hinüber und hob eine Tasche hoch. Hannes erkannte sofort das Zeichen wieder, das er auf der Brust der Toten und der schwarzen Frauen gesehen hatte. Ob diese hier ein Picknick veranstaltet hatten?

Seine Exkollegen gingen bereits weiter.

Hannes näherte sich dem Platz und bemerkte auch auf dem Boden merkwürdige Symbole. Außerdem lagen fein säuberlich Blütenblätter, Stiele, Gräser aufgereiht herum. So hatte es ausgesehen, als sie früher Kaufmannsladen gespielt hatten.

»Wir müssen die Sachen wegschaffen!«

Eine Frauenstimme schreckte Hannes auf. Rasch sah er sich nach einem Versteck um. Kaum war er hinter einem Busch verschwunden, da tauchten die Frauen mit den schwarzen Mänteln auf.

»Dass sich bei der nächsten Befragung ja keine von euch verplappert«, sagte die große Frau, die ihm schon vorher aufgefallen war, in herrischem Ton.

»Mensch, Saxitana, spiel dich nicht so auf. In unserem Hexenzirkel gibt es keine Anführerin, das haben wir von Anfang an geklärt«, antwortete eine kleine pummelige Frau, deren Mantel auf dem Boden hing.

Die große Frau verzog das Gesicht. »Ich wollte mit euch heute ohnehin darüber sprechen, dass wir das ändern sollten. Aber das hat sich ja jetzt wohl erledigt.«

Hannes sah die verständnislosen Gesichter der anderen Frauen und war gespannt, ob Saxitana ihre Bemerkung erklären würde. Doch diese holte aus einer

Tasche lediglich eine Schachtel und verstaute darin die Blätter, Gräser und Pflanzenstengel.

»Die nehme ich mit«, erklärte sie mit einer Stimme, die keinen Widerspruch duldete.

Hannes konnte sehen, dass die anderen Frauen ungehalten waren, sie jedoch gewähren ließen.

»Aber wieso ist Amanita gestorben?«, fragte eine.

Ein unangenehmes Schweigen breitete sich aus, das bis zu Hannes herüberschwappte.

»An unseren Kräutern liegt es sicher nicht«, behauptete eine schlanke Frau mit blassem Gesicht. »Die habe ich sorgfältig zusammen mit Amanita ausgewählt. Bei der richtigen Dosierung und in der richtigen Zusammensetzung sind die alle unbedenklich.«

Hannes speicherte alles in seinem Gedächtnis, was die Frauen sagten. Die Namen der Pflanzen sagten ihm nichts. Aber das Gespräch passte zu dem, was der Notarzt vermutet hatte, dass die Tote vergiftet worden war.

»Ich weiß nicht, warum ihr euch so aufregt«, erklang wieder die überhebliche Stimme von Saxitana. »Amanita war es doch, die sich hier zur Führerin aufgespielt hat.«

Die blasse Frau lachte leise. »Du meinst wohl, die versucht hat, dir den Rang abzulaufen, was? Nun hast du ja bekommen, was du willst. Auch wenn wir offiziell keine Anführerin haben, kannst du dich als solche aufspielen. Ohne großen Widerspruch und ohne Konkurrenz.«

Wieder schwiegen die Frauen.

Hannes hielt den Atem an, um sich nicht zu verraten. Das fehlte gerade noch, dass er jetzt, wo es spannend wurde, niesen, rülpsen oder andere Geräusche von sich geben musste.

»Willst du damit sagen, ich hätte Amanita umgebracht?« Die große Frau baute sich vor der schlanken Blassen auf und stemmte die Hände in die Hüften.

Hannes sah sie nur von hinten, aber aus dieser Perspektive wirkte der Auftritt bedrohlich. Wie sie dastand in ihrem weiten schwarzen Mantel.

»Das habe ich nicht gesagt«, antwortete die blasse Frau. »Ist aber eine glückliche Fügung, oder?«

»Nun mal halblang!«, mischte sich eine Stimme ein, die Hannes bisher noch nicht gehört hatte. Er schob die Blätter beiseite, die den vollen Blick behinderten.

Eine Frau mit kurzen schwarzen Haaren hatte das Wort ergriffen.

»Amanita ist nicht hier gestorben, Punkt eins. Punkt zwei, sie ist über die Brüstung in die Gräfte gestürzt, die von hier aus mehrere hundert Meter entfernt ist. Es ist eher unwahrscheinlich, dass sie etwas Giftiges zu sich genommen hat und durch den Park gegangen ist, um sich dann in den Graben zu stürzen.«

Hannes war enttäuscht. Es hatte alles danach ausgesehen, als könnte er in diesem Fall der Polizei auf die Sprünge helfen, nachdem er diesen Platz entdeckt hatte.

»Wieso war Amanita überhaupt dort?«

Alle Frauen drehten ihren Kopf zu der Blassen. Einige zuckten mit den Schultern.

»Sie hat nur gesagt, sie muss noch etwas besprechen«, erinnerte sich die kleine Pummelige. »Aber wenn ich es recht bedenke, hat sie nicht gesagt, mit wem und weshalb.«

»Wir hatten unseren Trank doch schon fertig und haben alle davon probiert«, fasste die Blasse die Ereignisse des Vormittags zusammen, als wüsste sie, dass Hannes hinter der Hecke lauschte. »Dann hast du, Saxitana, gesagt, du brauchst einen Kaffee, und bist zum Restaurant rübergegangen.«

Hannes konnte das Gesicht der großen Frau nicht sehen, dafür von hinten erkennen, wie sie sich aufplusterte, als wollte sie ihre Unschuld erneut laut hinausposaunen.

»Ich sage nur, an was ich mich erinnere, das ist kein Vorwurf«, fuhr die Blasse fort. »Ich wollte ein paar Fotos von dem Schloss machen und ihr«, sie sah ihre Begleiterinnen an, »habt euch auch über das Gelände verstreut.«

»Ich bin ein paar Schritte mit Amanita gegangen, dann hat sie sich verabschiedet. Wie du sagst, sie wollte jemanden sprechen«, erzählte die Schwarzhaarige.

»Wie ist Amanita eigentlich hierhergekommen?«, warf plötzlich eine weitere Frau ein. »Und weshalb hat sie genau diesen Ort für einen Treffpunkt gewählt? Hier gibt es nicht einmal einen Kräutergarten. Da hätten wir uns grad so gut im Marler Stern 103 treffen können. Dort hätten wir wenigstens einen guten Latte macchiato bekommen.«

Die Frauen sahen sich fragend an.

Hannes beugte sich vor, um die letzte Sprecherin besser zu sehen und verlor das Gleichgewicht. Er fiel in den Busch und war froh, dass dieser so dicht war, dass er ihn verbarg. Doch die Frauen blickten sich erschrocken um.

»Vielleicht hat es jemand auf uns abgesehen und lauert hier im Gebüsch?«, flüsterte eine kleine, zarte Frau, die in dem schwarzen Mantel fast verschwand.

»Ja, lasst uns im Café weitersprechen. Hier ist es wirklich ungemütlich«, meinte Saxitana.

Hannes sah gerade noch, wie sich einige der Frauen Blicke zuwarfen und die Augen verdrehten. Er vermutete, dass ihnen diese Walküre auf die Nerven ging und ärgerte sich, dass er sich selbst seine Chance verdorben hatte. Andererseits wusste er nun, wo die Tote ins Wasser gestürzt war, vielleicht hatte er Glück, und die Frauen hatten der Polizei noch nichts davon verraten.

Hannes wartete, bis die Frauen mit ihren Taschen über der Schulter in Richtung Schlosshof verschwunden waren. Er ging in einem großen Bogen um das Gebäude herum auf die Mauer zu, wo sich die Tote wahrscheinlich mit ihrem Mörder verabredet hatte. Auf der anderen Seite der Gräfte und auf der Brücke sah er Menschen in weißen Anzügen, wie er sie aus den Fernsehkrimis kannte, die Mauern absuchen.

Die Frauen hatten anscheinend der Polizei noch nichts von der Verabredung mitgeteilt. Die Beamten gingen wohl davon aus, dass die Frau in der Nähe der Brücke ins Wasser geraten war. Aber es würde nicht lange dauern, bis sie auch an der Parkseite suchen würden.

Hannes ging an der Mauer entlang und hielt den Blick auf den Boden gesenkt.

»Such«, befahl er Theo, auch wenn er wie sein Hund keine Ahnung hatte, was sie finden wollten. Dennoch wurde Theo fündig. Er entdeckte eine Haarspange, die das gleiche Zeichen trug wie die Kleidung der schwarzen Frauen und eines dieser alten Streichholzbriefchen, die man heute kaum noch bekam.

Hannes hob beides mithilfe seines Taschenmessers auf, um keine Spuren zu verwischen, und legte die Gegenstände auf die Mauerbrüstung. Die Spange fand er nicht weiter interessant. Er öffnete das Streichholzbriefchen und lachte. An der Stelle, an die er früher seine Telefonnummer geschrieben hatte, wenn er sie einer Frau zuschieben wollte, stand auch hier eine Zahl. Eine Mobilfunknummer. Er zog sein Handy hervor und tippte die Nummer ein, ohne sie zu wählen, und speicherte sie. Das würde er später in Ruhe tun. Nun wollte er sich erst einmal bei den Beamten beliebt machen. Er holte seinen Kalender aus der Jackentasche und trennte eine Seite heraus.

Nach einem letzten Blick auf die Mauer ging er mit den beiden Fundstücken, die er auf die ausgerissene Seite gelegt hatte, zum Ausgang des Burghofs.

»Sie schon wieder!«, empfing ihn der Beamte, der ihn zuvor durch die Absperrung geleitet hatte. »Ich denke, Sie sind mit einer Gruppe hier.«

Hannes sog die Luft ein. Manchmal war es wirklich schwer, der Polizei zu helfen. »Die sind dahinten«, sagte er nur. »Wir haben das hier gefunden. Vielleicht ist das ja wichtig.«

Der Polizist starrte ihn an. »Woher ist das?«, fragte er. Gleichzeitig drehte er sich um und rief: »Schickt mal einen von der Spurensicherung! Und am besten auch noch einen von der Moko.«

Schon erschien eine weiß gekleidete Frau. Sie streichelte Theo über den Kopf und nahm Hannes seine Beute ab. Er wollte sich bereits abwenden, da sprach ihn ein Mann in einem roten Sakko an.

»Guten Tag, mein Name ist, Jerome Schnellkamp. Hauptkommissar und zuständig für die Ermittlungen. Wo haben Sie die Gegenstände denn gefunden?«

Hannes wiederholte seine Erklärung. Von den schwarzen Frauen sagte er nichts, einen kleinen Vorsprung wollte er sich lassen.

»Ich würde Sie bitten, sich von dem Tatort fernzuhalten«, bat der Kommissar. »Im Moment tappen wir noch im Dunkeln, da können überall wichtige Spuren sein.«

Hannes dachte an den Platz der schwarzen Frauen. Der Polizist wusste gar nicht, wie recht er hatte. Er verabschiedete sich von dem Beamten und ging zurück auf den Innenhof.

»In 15 Minuten fährt unser Bus«, erklärte Lothar Büsken. »Der Chief meinte, wir könnten in Dorsten-City noch einen Absacker trinken und uns den Brunnen mit der eingemeißelten Stadtgeschichte **104** dort anschauen.«

Hannes sah auf die Uhr. Da blieb ihm nicht viel Zeit, um Informationen zu sammeln. Er musste irgendwie an die Namen der schwarzen Frauen rankommen. Saxitana würde er kaum im Telefonbuch finden. Er sah sich um. Die Frauen, die im Park das große Wort geführt hatten, saßen an einem Tisch im Schlosshof.

Hannes schaute Theo an und grinste, während er ihn ableinte. Er beugte sich zu seinem Hund hinunter und flüsterte: »Nun sieh mal zu, was du erreichst, du alter Schwerenöter!«

Als hätte Theo den Auftrag verstanden, streunte er über den Schlosshof. Er blieb direkt neben der blassen Frau stehen und schaute sie mit seinen braunen Hundeaugen an.

»Ja, wer bist du denn?«, sprach die Frau Theo an.

Hannes grinste. Dieser Trick funktionierte doch immer wieder, sofern die Frauen nicht gerade Angst vor Hunden hatten. Er ging näher an den Tisch heran.

»Theo! Du sollst nicht immer wildfremde Frauen anbaggern«, tadelte er seinen Hund und entschuldigte sich. Hannes verzog sein Gesicht zu einem Lächeln. »Obwohl ich Theo verstehen kann.«

Die Blasse lachte. »Noch so ein Charmeur, was?« Sie wollte sich schon abwenden, da meinte Hannes: »Ach, Sie sind sicher die Freundinnen der Toten, die ich vorhin in der Gräfte entdeckt habe.«

Schon richteten sich sechs Paar Frauenaugen auf ihn. »Sie haben Amanita gefunden?«

Hannes nickte. »Ja, schrecklich. Wie sie da in dem Graben schwamm. Wissen Sie schon, was mit ihr geschehen ist?«

Die Frauen zogen fast synchron ihre Schultern hoch und schüttelten den Kopf.

Hannes zog eine seiner Visitenkarten aus der Tasche, die er sich als Bergmann a. D. hatte machen lassen. So band er nicht jedem gleich auf die Nase, dass er Privatdetektiv war. »Bitte informieren Sie mich doch, wenn Sie Näheres wissen und wann die Beerdigung stattfindet.«

Die blasse Frau nahm die Karte entgegen und sagte: »Am besten schreiben Sie sich auch meine E-Mail-Adresse auf, dann können Sie nachfragen. Falls das untergeht.« Sie stockte auffällig und Hannes hoffte, dass sie weiterreden würde. Zufrieden hörte er, wie sie sagte: »Amanita, das ist die Verstorbene, lag mit ihrer Familie im Clinch und sie hat sich kürzlich von ihrem Ehemann getrennt. Da werden wir uns sicher darum kümmern müssen, dass sie würdig begraben wird.« Sie sah die anderen Frauen an. »Und in ihrem Sinne.«

»Was heißt das?« Hannes war die Frage so herausgerutscht.

»Wir sind ein Hexenzirkel und da gibt es auch für Todesfälle besondere Riten«, mischte sich die große Frau ein. Sie hielt Hannes ihre Visitenkarte hin. »Sie dürfen sich gerne bei mir melden.«

Hannes konnte nur mit Mühe ein Grinsen unterdrücken. Das lief ja wie geschmiert. Frauenquerelen boten immer die besten Chancen, etwas zu erfahren und Kontakte zu knüpfen. Die eine gönnte der anderen nicht das Schwarze unter den Fingernägeln.

»Saxitana. Das ist ja ein seltsamer Name«, bemerkte er mit einem Blick auf die Visitenkarte.

»Mein Hexenname!« Saxitana lächelte ihn an. »In Wirklichkeit heiße ich Angelika Müller. Mal ehrlich, das klingt doch nicht nach einer Hexe, oder?« Sie deutete auf die kleine pummelige Frau. »Das ist Fabacea, deren bürgerlicher Name Beate Klein ist.« Die Blasse wurde ihm als Elenor vorgestellt, was ähnlich klang wie ihr wahrer Name Eleonore Rangsheim. Hannes bemühte sich, sämtliche Namen auswendig zu lernen, um sie zu Hause zu überprüfen.

»Hannes, kommst du, der Bus fährt gleich«, platzte sein Kumpel Lothar mitten hinein.

»Bin schon da!«, rief er rasch und verabschiedete sich von den Frauen. »Wir sehen uns dann sicher auf der Beerdigung.«

Auf dem Weg zum Bus bemerkte er, wie der Kommissar mit dem Mann sprach, der die Frau aus dem Wasser geholt hatte. Er tat, als müsste er sich die Schnürsenkel binden, um mitzubekommen, worüber die Männer redeten.

»Ich war hier, um meine Frau vor diesen Hexen zu beschützen«, ereiferte sich der Mann. Im Zorn warf er fast die Decke ab, die man ihm aus Schutz vor Unterkühlung umgelegt hatte.

Hannes erinnerte sich daran, was die Frauen gesagt hatten. Was machte der Ehemann hier?

Da rief der Leiter ihrer Ausflugsgruppe: »Hannes, wenn du jetzt nicht kommst, fahren wir ohne dich!«

Hannes eilte mit Theo über das schmale Brückenstück, das die Polizei für die Besucher freigegeben hatte. Im Bus hing er seinen Gedanken nach und versuchte, sich ein Bild von dem Tathergang zu machen, während die anderen zum zehnten Mal das Steigerlied sangen.

Ein wenig ärgerte Hannes sich, dass die Tour durch den Besuch in der Dorstener Innenstadt verlängert wurde. Lieber hätte er sich zu Hause in Ruhe Gedanken über die Tat gemacht, deren Zeuge er durch Zufall geworden war. Er versuchte die Gedanken beiseitezuschieben, bis er an seinem Esstisch saß und sich das Geschehen wie einen Film vor Augen führte.

Als er seine E-Mails abrief, trudelten auch die ersten Fotos seiner Kollegen ein. Eines rief seine besondere Aufmerksamkeit hervor. Darauf waren zwei Frauen in schwarzen Umhängen zu sehen. Sie standen ganz in der Nähe der Mauer, über die Amanita-Renate in den Tod gestürzt war. Die E-Zigarette, die in Amanitas Hand glühte, passte so gar nicht zu ihrem Outfit.

Hannes fragte sich, ob die Polizei dieses Accessoire gefunden und was sich in dem Liquid befunden hatte. Gleich, als er von dieser neuen Form des Rauchens erfahren hatte, war ihm die Idee gekommen, dass die E-Zigarette ein wunderbares Mordwerkzeug war. Aber das konnte er nicht überprüfen, 40 Kilometer vom Tatort entfernt, der inzwischen ohnehin von der Polizei bis ins Kleinste untersucht worden war.

Er vergrößerte das Bild. Keine der Frauen hatte eine Tasche bei sich. Das hieß doch, die Umhängetasche der Toten musste sich auf der Lichtung befinden, wo er die Beutel gefunden hatte. Dann war die E-Zigarette entweder ins Wasser gefallen oder der Täter, die Täterin wohl eher, hatte sie mitgenommen.

Hannes stellte sich die Frauen vor, die er in dem Park gesehen hatte. Nachdem er in den Busch gefallen war und Theo leise gebellt hatte, waren alle aufgesprungen. Jede hatte ihre Tasche gegriffen. Nur eine von ihnen, das wurde ihm jetzt klar, hatte zwei Taschen um die Schulter hängen, als sie sich in Richtung Innenhof machten. Die Frau, die auf dem Bild zu sehen war und die sich gerade verabschiedet hatte, als er mit Theo an den Tisch kam. Die Frau, die an ihm vorbeigelaufen war und »Hexenprobe« gerufen hatte, als er aus dem Kassenhäuschen zurückgekehrt war. Er hatte sie nicht beachtet, weil er von dem Zeichen auf der Brust der Toten irritiert war und den Mann beobachtet hatte, der die Tote über Wasser hielt, bis der Einsatzwagen der Feuerwehr eintraf.

Er zog den Zettel hervor, auf dem die blasse Frau ihre E-Mail-Adresse geschrieben hatte. Wie praktisch, wenn darin wie hier Name und Wohnort enthalten war. In wenigen Sekunden hatte er auch ihre Telefonnummer ausfindig gemacht.

»Guten Tag, Frau Rangsheim, Hannes Haarmann hier. Ich bin der Mann mit dem Hund, der sie heute auf Schloss Lembeck angebaggert hat«, begrüßte er die Frau. »Ich habe nur eine Frage, wie heißt die Frau mit der knallroten Strähne im Haar, die zu ihrem Zirkel gehört?«

Die Frau stutzte. »Sie meinen sicher Tratona. Eigentlich gehört sie nicht mehr zu uns. Sie war heute das letzte Mal dabei.«

»Weshalb?«, wollte Hannes wissen. Auf dem Bild wirkte die Frau vertraut mit der Toten, und immerhin hatte sie die Tasche der Verstorbenen mitgenommen.

»Ach, das Übliche«, seufzte Eleonore Rangsheim. »Auch ein Hexenzirkel kann von Affären zerstört werden. Tratona hatte eine Beziehung mit dem Mann von Aminata.«

Hannes merkte auf. »War Aminata geschieden? Sie haben erzählt, dass es mit ihrer Familie nicht so gut lief.«

»Ach, das mit der Scheidung war etwas schwierig.

Der Mann hat angedroht, dass er das Sorgerecht für das Kind haben wollte. Mit der Zugehörigkeit zu unserem Hexenzirkel hätte Aminata vermutlich schlechte Karten gehabt. Ihr Mann war stinksauer, weil seine Familie streng katholisch ist und drohte, ihn zu enterben, wenn er in wilder Ehe mit einer Frau zusammenlebt.« Sie lachte bitter. »Und das in der heutigen Zeit.«

Hannes bedankte sich für die Offenheit und legte auf. Aminatas Tod kam ihrem Mann gerade recht.

Er wählte die Telefonnummer, die auf dem Streichholzbriefchen stand.

»Leonie Meyer. Mami, bist du das?«, meldete sich eine Kinderstimme.

Im ersten Moment war Hannes verwirrt. Was machte die Telefonnummer eines Kindes auf dem Streichholzbriefchen. Dann hörte er: »Alexander Meyer, wer ist da?«

Im Hintergrund vernahm er die Frage eines Mädchens: »Ist das Mami? Wann holt Mami mich ab? Ich möchte zu Mami.«

Nun fiel ihm wieder ein, dass Aminata mit richtigem Namen Renate Meyer hieß.

»Spreche ich mit dem Ehemann von Renate Meyer?«, erkundigte sich Hannes, obwohl er sicher war, dass das der Fall war.

»Was wollen Sie? Meine Frau ist nicht da!«, lautete die barsche Antwort von Alexander Meyer.

Kein Wort davon, dass seine Frau tot war und im Hintergrund weiterhin das Jammern des Mädchens, wann endlich Mami käme, es abzuholen.

Für Hannes waren die Zusammenhänge klar. Er entschied sich, zu seiner Lieblingstrinkhalle zu gehen und Else bei einem Absacker die Geschichte zu erzählen. Wenn sie sie verstand, konnte er sie an die Polizei weitergeben.

Hannes hatte sein erstes Bier noch nicht ausgetrunken, da hielt Else ihm bereits das Telefon hin. »Du rufst jetzt sofort die Polizei an und erzählst ihr alles«, befahl sie.

Als wären wir verheiratet, dachte Hannes, doch er gehorchte und zog die Visitenkarte des Kommissars aus der Tasche.

»Ich habe eine Theorie, wer die Tote in der Gräfte umgebracht haben könnte«, begann er ohne Umschweife und erzählte seine Vision der Geschichte.

Der Kommissar am anderen Ende der Leitung schwieg fast so lange, wie Else brauchte, um das zweite Bier zu zapfen.

»Das erklärt einiges«, sagte Kommissar Schnellkamp nur.

Hannes ärgerte sich, weil der Beamte ihm nicht mehr verriet, sondern sich nur mit dem geheimnisvollen Hinweis verabschiedete: »Dann schauen Sie morgen mal in die Zeitung.«

Dort las Hannes Haarmann am nächsten Morgen genau das, was er dem Kriminalbeamten erzählt hatte. Nämlich, dass die Geliebte des Ehemannes der Toten Gift über die E-Zigarette verabreicht hatte. Sogar, dass sie über die Brücke lief und zur Ablenkung Hexenprobe gerufen hatte, damit der Ehemann als Erster im Wasser sein konnte. Seine Aufgabe war zu prüfen, ob seine Frau auch wirklich tot war. Im Notfall hätte er sie etwas länger unter Wasser gedrückt und seine Freundin hätte mehr Aufhebens um die Hexenprobe gemacht und etwas ausschweifender von den Sagen aus der Region erzählt.

Nur Hannes' Name fehlte. »Ein Hinweisgeber«, schimpfte er und verschüttete fast seinen Frühstückskaffee. »Das wäre eine perfekte Werbung für mich gewesen und die lassen einfach meinen Namen weg. Und deinen auch!« Er sah Theo an, der lediglich mit der Pfote durch die Luft wedelte, als wollte er sagen: »Lass mich doch in Ruhe mit dem Kram.«

Um sich richtig aufzuregen, stapfte Hannes ohne Theo rüber in die Trinkhalle, wo er sich von Else feiern und bemitleiden ließ. »Aber beim nächsten Mal bestehe ich darauf, dass mein Name genannt wird«, betonte er stets aufs Neue.

Else ging nicht darauf ein, sie fragte nur: »Kannst du mir einen Kontakt zu dem Hexenzirkel herstellen? Ich glaube, das wäre was für mich.«

Hannes Haarmann sah sie fassungslos an und beschloss zu Hause als Erstes sämtliche Daten der schwarzen Frauen zu vernichten. Das fehlte ihm gerade noch, eine Hexenwirtin in seiner Trinkhalle. Wo kamen sie denn da hin?

97 Wer wissen möchte, wie Bergleute vor 100 Jahren gelebt haben, sollte einen Besuch der Zechensiedlung Hervest in Dorsten einplanen.

98 Ein lukullischer Genuss und eine Reise in die Jugend erwartet Fans der Currywurst in einem denkmalgeschützten Tankstellenhaus aus den 50er-Jahren in Dorsten.

99 Schloss Lembeck ist ein Ausflugsziel für jedes Wetter und jeden Geschmack, beherbergt es doch zwei Museen und eine Galerie und besitzt einen Schlosspark, der seinesgleichen sucht.

100 In der Tüshaus Mühle in Deuten wird heute kein Mehl mehr gemahlen, doch der frühere Müller erklärt den Besuchern gern, wie er schon als Kind das Leben in der Mühle erlebt hat.

101 Das Jüdische Museum Westfalen in Dorsten lädt ein, anhand von Geschichten und Exponaten die jüdische Kultur und Geschichte kennenzulernen.

102 Eine außergewöhnliche Reise in die Vergangenheit bietet das ehrenamtliche Team der Lippe-Fähre, die Radfahrern und Fußgängern so manchen Umweg erspart.

103 An Shopping-Malls herrscht im Ruhrgebiet kein Mangel, aber kein anderes Einkaufszentrum hat es mit einem Luftkissendach ins Guinness-Buch der Rekorde geschafft, das macht den Einkaufsbummel im ›Marler Stern‹ zu einem besonderen Erlebnis.

104 Was andere Städte in einem Buch aufbewahren, können Besucher in Dorsten auf einem Brunnen am Rathaus nachlesen: die wechselvolle Geschichte der Stadt.

DUISBURG – FREMDENFÜHRER INS TOTENREICH

»Fahren wir wirklich mit einem Schiff?«, rief Ida, während sie zum wiederholten Mal über den Gitterboden von Tiger and Turtle `105` davonrannte.

Anja und Oliver waren zum 70. Geburtstag von Olivers Patentante eingeladen. Die Feier fand auf einem Schiff statt, das durch den Duisburger Innenhafen `106` fuhr. Eine schöne Idee, allerdings sollte Ida sich vorher ein wenig austoben, damit sie die Gäste nicht in Atem hielt. Da war die riesige Skulptur genau richtig.

»Wenn wir uns jetzt nicht auf den Weg machen, fährt das Schiff ohne uns ab«, meinte Anjas Sohn Tobias trocken.

Seine kleine Schwester kümmerte sich nicht um ihn.

»Aber das ist nicht so schlimm«, sagte er so laut, dass Ida es nicht überhören konnte. »Ich würde ohnehin lieber ins Radio-Museum `107` gehen oder eine der Ausstellungen auf der Museumsmeile `108` anschauen.«

»Nicht ins Museum«, brüllte Ida und rannte mit Schwung ein letztes Mal das Gitter hinunter.

Oliver lachte. »So schlimm ist ein Museumsbesuch auch wieder nicht. Denk nur daran, wie wir im Spionagemuseum `109` waren. Und von der Fahrt im Glasaufzug im Gasometer `110` konntest du nicht genug bekommen.«

»Aber das hier ist am schönsten«, entgegnete das Mädchen und stampfte mit dem Fuß auf den Gitterboden, durch den Anja mit ihrer Höhenangst gar nicht hindurchsehen mochte. Sie war froh, als die Familie wieder festen Boden unter den Füßen hatte und zum Auto eilte.

Vor der Schifferbörse wartete die Festgesellschaft bereits auf sie. Wie vermutet, war Ida das einzige Kind. Gut, dass Anja Tobias hatte überreden können, sie zu begleiten, statt sich in der Wasserwelt Wedau 111 zu vergnügen. Er würde Ida beschäftigen, während sie sich mit der Familie ihres Mannes unterhielt. Die meisten Gäste kannte sie nicht. Ein Paar fiel ihr sofort unangenehm auf, weil die Frau in völlig unpassenden Leoparden-Stilettos das Schiff betrat und der Mann ständig auf den Parkplatz schielte und wie ein Kind quengelte: »Ich mache mir doch Sorgen, ob mein Schätzchen sicher ist.« Das Schätzchen war nicht Madame Leo-Stiletto, sondern ein knallroter Porsche, auf den er jeden hinwies.

Ebenso unsympathisch war ihr der Mann, der den Porsche-Fahrer mit abfälligen Bemerkungen provozierte und an jedem Gast etwas auszusetzen hatte. Ida fand er zu jung, Tobias zu uncool, Oliver zu spießig, Anjas Haar zu dicht. Mit diesen Leuten musste sie nun die nächsten dreieinhalb Stunden auf dem Schiff verbringen. Insgeheim bereute sie Olivers Entschluss, der Einladung seiner Tante statt einer Vernissage den Vorzug gegeben zu haben. Sowohl im Bottroper Quadrat 112 als auch im Lehmbruck-Museum 113 hätten sie sich einen entspannten Tag machen und nachmittags sogar noch zum

Appeltatenfest 114 nach Gladbeck fahren können. Stattdessen saßen sie auf diesem Schiff fest.

»Ich begrüße Sie ganz herzlich auf der *MS Rheinfels*«, ertönte eine dunkle Stimme mit unverkennbarem Ruhrpottslang durch die Lautsprecher. »Vor allem das Geburtstagskind.«

Anja schauderte, als er mit falschen Tönen das Lied ›Hoch soll sie leben‹ anstimmte. Doch der Rest der Festgemeinde sang eifrig mit. Lediglich der Nörgler schien nicht musikalisch veranlagt, er war blass geworden. Ganz anders der Porsche-Fahrer, der am lautesten mitgrölte und sehr gut mit dem falsch singenden Tourbegleiter harmonierte.

Anja beschloss, gute Miene zu machen. Was der Tourbegleiter danach von sich gab, war wirklich interessant.

»Das Museumsschiff haben wir bereits passiert, das sollten Sie sich unbedingt anschauen, da vorn ist übrigens die Friedrich-Ebert-Brücke und ganz in der Nähe die Bunkerstation.« Er sah Ida an. »Weißt du denn, auf welchem Fluss wir uns gerade befinden?«

Ida drängte sich erschreckt an ihre Mutter und schüttelte den Kopf.

Der Tourbegleiter lachte. »Das lernst du noch, wir befinden uns auf dem Rhein, aber da vorn«, er zeigte auf eine Mündung, »da ist schon die Ruhr.«

Anja lauschte auf seine Erläuterungen über die Bedeutung des Hafens und suchte mit ihrer Kamera die Stahlskulptur, auf die er besonders hinwies.

Währenddessen gingen die Gäste zum Brunchbüffet und kamen mit überfüllten Tellern zurück.

Anja seufzte, als ihr Blick auf die Teller fiel. Wie sollte sie Ida erklären, dass das Besondere am Buffet war, dass man immer Nachschub holen konnte und sich den Teller nicht beim ersten Gang aufhäufen musste?

Als der Tourbegleiter eine Pause ankündigte, baute sich eine Frauengruppe vor dem Geburtstagskind auf und brachte das nächste Ständchen.

Die Gelegenheit nutzte Anja, um sich am Buffet umzusehen. »Na, wollen Sie sich auch eindecken?«, sprach der Nörgler sie an und stellte sich als Michael Gesing vor. »Ich bin ein Neffe zweiten Grades.«

Anja hatte sich noch nie Gedanken darüber gemacht, was ein Neffe zweiten Grades war. Es interessierte sie auch nicht. Zumal der Mann sich sogleich entschuldigte und hinter dem Porsche-Fahrer den Raum verließ.

Ob Männer auch zu zweit zur Toilette gehen, dachte Anja und schalt sich sofort. Die beiden ganz sicher nicht. Sie legte ein Brötchen, einige Scheiben Käse und Gurken auf ihren Teller und ging zurück an den Tisch.

Der Damenchor hatte seine Dienste getan und alle schauten gespannt umher, als warteten sie auf den nächsten Programmpunkt oder auf weitere Beschreibungen der Sehenswürdigkeiten.

»Was ist los?« Anja sah Oliver fragend an.

Ihr Mann zog die Schultern hoch. »Keine Ahnung.«

»Was ist denn das für eine Brücke?«, wollte Madame Leo-Stiletto wissen.

Eine gute Frage, fand Anja. Wo blieb die nächste Erklärung des Tourbegleiters.

»Der muss sicher auch mal für kleine Schiffsführer«, wisperte Anja Oliver zu.

Tobias grinste sie von seinem Platz gegenüber an.

Aber selbst nach zehn Minuten hatte der Tourbegleiter nichts von sich hören lassen.

Anja sah, wie vor allem die älteren Leute ungeduldig wurden. »Ich guck mal, ob ich den Typ finde«, sagte sie und stand auf. Ihre Kamera nahm sie mit, die Gelegenheit, ohne die anderen Gäste im Rücken Fotos zu machen, wollte sie nicht ungenutzt verstreichen lassen.

Zunächst machte sie sich auf die Suche nach dem Ruderhaus, in dem sie den Tourbegleiter vermutete. Dort fand sie lediglich den Kapitän, der ihr erklärte, dass der Gesuchte in der Regel im Saal blieb, wo er die Gruppe auch begrüßt hatte.

Anja konnte sich nicht erinnern, dass sie den Mann nach der unmusikalischen Einstimmung gesehen hatte.

»Manches spielt er vom Band«, verriet der Schiffsführer ihr.

Anja seufzte. Wieder eine Illusion zerstört. Sie begab sich auf die Suche nach dem Mann. Selbst wenn er die Informationen vom Band abspielte, musste er irgendwo sein, wo er den gleichen Blick auf den Hafen hatte wie die Gäste.

In einer kleinen Kajüte mit Bullauge unter dem Ruderhaus fand sie den Tourbegleiter. Allerdings würde er keine Erklärungen mehr abgeben. Der große Blutfleck auf dem Hawaiihemd, seine Sitzhaltung und die gebrochenen Augen ließen Anja zurückschrecken. Ohne nachzudenken, wählte sie die 110. Erst als sie der Frau in der Leitstelle ihren Fund erklärte und diese sie bat, den Schiffsführer zu informieren, wurde Anja klar, dass dieser wie jeder andere auf dem Schiff den Mann getötet haben könnte. Sie war erleichtert, als die Frau versprach, sofort die Wasserpolizei zu schicken.

Verstört ging Anja zu dem Schiffsführer. Sie sah ihn misstrauisch an, als sie ihm berichtete, was sie entdeckt hatte. »Die Polizei ist schon unterwegs«, schloss sie.

Der Mann nickte. »Das ist gut. Ich frag die mal, ob ich ankern oder weiterschippern soll.«

Anja beobachtete jeden Gast genau, als sie an ihren Tisch zurückkehrte. Alle Plätze waren belegt. Einer von ihnen musste der Täter sein. Oder einer vom Servicepersonal, das sich um Essen und Getränke kümmerte. Erleichtert sah sie, dass Ida mit Tobias am Nebentisch Karten spielte.

Leise erklärte sie Oliver, was geschehen war. Da ruckten bereits alle Passagiere nach vorn, weil das Schiff abrupt stoppte.

»Meine sehr verehrten Damen und Herren, wir müssen kurz stoppen, um die Wasserschutzpolizei an Bord zu lassen«, erklang aus dem Lautsprecher die Stimme des Schiffsführers.

»Wasserschutzpolizei?« Einige Gäste schauten irritiert.

Anja versuchte, abzuschätzen, wer erschrocken und wer schuldig wirkte. Die Damen von Tante Renates Kegelklub schloss sie aus. Sie waren so mit ihrem Auftritt beschäftigt, von denen hatte gewiss niemand den Tourbegleiter getötet.

Der Kellner, der während der Durchsage mit einem Teller voller Nürnberger das Speisedeck betrat, hätte vor Schreck fast die Würstchen fallen lassen. Er wurde kreidebleich und verschwand sofort wieder.

Anja stand auf und folgte ihm. Sie bekam gerade noch mit, wie er zu der hübschen schwarzhaarigen Bedienung, die bei allen Herren ein Lächeln ins Gesicht zauberte, sagte: »Jetzt kriegt dein Ralf, was er verdient hat!«

Die junge Frau sah ihn so verständnislos an, dass Anja sie sofort von ihrer Liste der möglichen Täter strich. Erst recht als sie in Tränen ausbrach, nachdem der Kellner ihr erklärte: »Die Wasserschutzpolizei kommt an Bord. Sie will wohl kaum die Alten da drinnen abholen.«

»Aber Ralf hat schon lange mit dem Dealen aufgehört«, stieß die Bedienung unter Schluchzen hervor. »Glaub bloß nicht, dass ich zu dir zurückkehre deswegen.« Sie drehte sich mit Schwung um und verschwand.

Anja drückte sich an die Wand, damit sie nicht entdeckt wurde.

»Die Polizei bittet die Frau, die gerade bei mir war, noch einmal raufzukommen«, schallte es durch alle Lautsprecher an Bord.

Durch die Glastür zum Veranstaltungsraum sah Anja, dass die Gäste sich misstrauisch ansahen. Rasch ging sie die Stufen zum Ruderhaus hinauf.

»Da bin ich«, sagte sie, als sie den kleinen Raum betrat, in dem sich außer dem Schiffsführer nun auch zwei uniformierte Frauen befanden.

»Guten Tag, Ilona Wellner, das ist meine Kollegin Katrin Dreher. Sie haben den Toten gefunden?«, sprach eine der Frauen sie in strengem Ton an.

Anja nickte. Sie erklärte, wieso sie den Tourbegleiter gesucht und in welcher Lage sie ihn entdeckt hatte.

»Kannten Sie Herrn Wild schon vorher?«, wollte die zweite Frau wissen.

»Heißt der Tote so?«, fragte Anja.

»Ralf Wild, sagt Ihnen der Name etwas?«

Anja zuckte kurz zusammen, als sie den Vornamen hörte. »Ich kannte den Mann nicht.«

»Aber der Name kommt Ihnen bekannt vor, oder?«

Anja war beeindruckt, wie scharf die Beamtin sie beobachtet hatte. Sie erklärte, weshalb sie auf den Namen reagiert hatte.

»Mhm, dann werden wir uns den Kellner als Erstes zur Befragung holen«, sagte Ilona Wellner zu ihrer Kollegin, die sogleich das Ruderhaus verließ.

»Ist Ihnen sonst etwas aufgefallen?«, erkundigte sich die Polizistin.

Anja erzählte ihr, wieso sie auf dem Schiff waren und dass sie bis zum Treffen an der Schifferbörse die meisten Leute nicht kannte.

»Sagen Sie den anderen noch nichts von der Entdeckung«, bat die Polizistin. »Der Täter muss an Bord sein. Deshalb stoppen wir mitten auf dem Wasser. Die Kollegen von der Kripo werden gleich eintreffen. Bis dahin versuchen wir, Aufsehen zu vermeiden.«

Anja ging zurück zu den anderen Gästen, die inzwischen anscheinend zu dem Schluss gekommen waren, der

Stopp gehöre zum Programm. Eine Gruppe umringte das Geburtstagskind und trug ein Gedicht vor, bei dem nach und nach Geschenke überreicht wurden. Der Porsche-Fahrer lehnte an der Wand und beobachtete das Geschehen mit spöttischem Gesicht.

Anja wunderte sich, weil seine Frau zu der Gruppe aus Männern und Frauen gehörte, die die Päckchen übergaben. Auch der Nörgler war dabei. Er patzte allerdings, als er vorlas, was der Porsche-Fahrer höhnisch kommentierte: »Ein Akademiker, der nicht lesen kann. Herrlich!«

Der Rücken des Nörglers versteifte sich bei dem Ausruf, das konnte Anja deutlich erkennen. Sie ging zu dem Porsche-Fahrer hinüber. »Wie sind Sie denn mit Tante Renate verwandt?«, erkundigte sie sich.

Der Mann sah sie überrascht an. »Ich bin ihr Schwiegersohn!«

Anja erinnerte sich nicht, dass sie ihn jemals bei einem der Familienfeste, zu dem sie Oliver begleitet hatte, gesehen hatte. »Oh, ich dachte, wir wären uns noch nie begegnet.«

»Sind wir auch nicht, junge Frau«, entgegnete der Porsche-Fahrer. »Wir haben gerade erst geheiratet, Magdalena und ich.«

Jetzt fiel Anja ein, dass Olivers Patentante oft von ihrer Tochter gesprochen hatte, zu der kein Kontakt bestand. Das hatte sich wohl geändert. Ob das mit dem Lottogewinn zusammenhing, mit dem Tante Renate das Schiff für die Geburtstagsparty gechartert hatte?

»Wissen Sie, ich bin Chef einer Modelagentur. Normalerweise besuche ich solche Veranstaltungen nicht, aber Leni hat mich überredet.«

Ohne dass Anja nachfragen musste, nannte er ihr den Namen der Agentur, den Anja nie zuvor gehört hatte. Das musste nichts bedeuten, obwohl sie in ihrer Oldenburger Zeit oft Models für Modefotos gecastet hatte. Seither waren fast zehn Jahre vergangen. In jedem Fall würde sie zu Hause nachschauen, was er machte. Wenn er sich einen Porsche leisten konnte, musste er eine einträgliche Agentur führen.

»Na, auf Model-Suche?«, unterbrach der Nörgler Anjas Gespräch mit dem Porschefahrer.

Anja lachte. »Ich habe keine Model-Ambitionen und wenn, gehörte ich sicher nicht zu der Kategorie, die er vertritt.« Sie wies auf die leichten Röllchen auf ihren Hüften.

Der Nörgler lachte. »Ach, im Vergleich zu Marcels Models sind Sie gertenschlank.« Er schaute ihr in die Augen. »Und Sie sehen tausendmal besser aus.«

Anja war irritiert und froh, dass Oliver zu ihnen trat. »Hey, Mike«, begrüßte er den Nörgler. »Hast du etwas an meiner Frau auszusetzen. Oder du, Marcel? Ich habe schon gehört, dass du Leni überredet hast, den Kontakt zu ihrer Mutter wieder aufzunehmen.«

Das hatte sich in ihrem Gespräch mit Marcel ganz anders angehört. Anja musste Oliver unbedingt in Ruhe nach seiner Familie befragen.

Anjas Blick folgte dem Nörgler, der zum Buffet ging und die restlichen Lachshäppchen auf seinen Teller legte.

Der Porsche-Fahrer schaute auf die Uhr. »Erst eine Stunde vorbei. Hoffentlich haben wir den Rest bald überstanden. Vielleicht bestelle ich mir ein Wassertaxi und lasse mich abholen.«

Anja fragte sich, ob es hier im Hafengebiet wirklich ein Wassertaxi gab. Ehe sie das in Erfahrung bringen konnte, standen die beiden Polizistinnen mit zwei Männern in der Tür.

Einer der Männer ergriff das Mikrofon, das zuletzt der Tourbegleiter in der Hand gehabt hatte. »Ich muss Ihnen leider mitteilen, dass es an Bord einen Unfall gab und wir Sie jetzt alle befragen müssen, ehe Sie das Schiff verlassen können.«

Die meisten Gäste wurden blass, als er den Unfall erwähnte. Anja versuchte, ihre Blicke mit der Kamera einzufangen. Sie hatte schon oft bemerkt, dass der Gesichtsausdruck mehr über die Gedanken verriet, als man dachte.

Während der Mann, der sich als Kommissar Höwelbrink vorstellte, erklärte, wie die Befragungen ablaufen würden, zoomte Anja jeden Gast heran und fotografierte ihn. So hatte sie auch gleich eine Fotosammlung für das Buch, das sie Tante Renate von ihrem Fest schenken wollte.

»Mami, was machen die Polizisten hier?«

Anja seufzte. Es war klar, dass die Geschehnisse nicht unbemerkt an Ida vorbeigingen, obwohl Tobias sich viel Mühe gab, wie er ihr über Idas Kopf hinweg andeutete.

»Die fragen die anderen Gäste etwas«, antwortete Anja und bereute es sofort.

»Was fragen sie? Fragen sie mich auch?«, wollte Ida wissen.

Erleichtert hörte Anja die Stimme von Ilona Wellner, die neben ihnen stehen blieb und sagte: »Natürlich sprechen wir auch mit dir. Mit wem bist du denn hier auf dem Schiff?«

Die Polizistin zwinkerte Anja zu.

»Mit Mama und Papa und Tobi«, erklärte Ida ernst. »Und mit Tante Renate, aber die ist eigentlich nicht meine Tante.«

Tobias verdrehte die Augen und verschwand, als Ida noch sagte: »Der Mann da ist doof.« Dabei zeigte sie auf Mike. »Der geht einfach mitten beim Essen aufs Klo!«

Anja wäre am liebsten im Erdboden versunken, doch die Polizistin lachte nur. »So, woher weißt du denn, dass er aufs Klo gegangen ist.«

»Na, er hat seinen Teller weggestellt und ist einfach rausgegangen.« Ida schaute sich um, dann zeigte sie auf den Porsche-Fahrer. »Und der ist auch zum Klo.«

Anja erinnerte sich daran, dass die beiden Männer den Raum verlassen hatten. Sie stimmte in Olivers Lachen ein.

»Siehst du, da hast du uns schon sehr geholfen«, sagte die Polizistin zu Ida.

»Darf ich jetzt gehen?«, fragte Anjas Tochter.

»Du musst aber hier im Raum bleiben«, antwortete Simone Wellner.

Anja warf ihr einen dankbaren Blick zu. Damit war die Frage, wie sie Ida davon abhielt, über das Deck zu laufen, geklärt.

Die zweite Polizistin trat an Simone Wellner heran. »Wir haben die Namen durch unsere Computer laufen lassen. Treffer bei dem Toten wegen Drogenhandel. Einen der Gäste finden wir allerdings nicht in der Datenbank.«

Anja versuchte, mehr von dem Gespräch zu erhaschen, doch die Polizistinnen entfernten sich. Sie gingen zu dem Tisch, an dem Marcel Weber seiner Nachbarin gerade lautstark die Vorzüge eines Porsches schilderte.

»Können wir Sie kurz sprechen, Herr Weber?«, bat Simone Wellner.

Der Porsche-Fahrer blickte auf. Anja kam es vor, als zuckten seine Augenlider nervös, aber vielleicht war ihr dieser Tick vorher einfach nicht aufgefallen.

»Am besten gehen wir hinaus. Ich denke, der Kommissar würde sich auch gerne mit Ihnen unterhalten.«

In der Tür begegnete das Trio Mike.

»Oh, haben Sie dich schon verhaftet?«, lästerte der Mann und grinste Marcel Weber an.

»Das ist sicher nur ein Versehen«, sagte dieser und an die Polizisten gerichtet. »Den da sollten Sie festnehmen. Ein Akademiker, der von Hartz IV lebt und so tut, als wäre er der große Professor.«

Anja stutzte. Das hörte sie zum ersten Mal. Bisher war immer die Rede davon gewesen, dass dieser Mike Privatdozent an der Uni sei.

»Du willst doch nur von dir ablenken«, ereiferte sich Mike. »Sie können ja ins Vorlesungsverzeichnis gucken, wenn Sie ihm mehr glauben als mir.«

Marcel Weber setzte zu einer Erwiderung an, doch

die Polizistin ging dazwischen. »Ruhe jetzt! Jeder wird vernommen, der eine früher, der andere später. Aber da Sie sich hier aufspielen, können Sie gleich mitkommen. Wenn ich die Kleine richtig verstanden habe, haben Sie den Raum zwischendurch verlassen.«

»Da waren wir wohl nicht die Einzigen«, riefen beide wie einstudiert.

»Ach, guck an, auf einmal sind Sie sich einig, was?« Die Polizistinnen gingen mit den beiden Männern weg, während Anja zurückblieb und versuchte, die tiefere Bedeutung des Gesprächs zu entschlüsseln.

»Sag mal, Oliver, was weißt du über die beiden Männer?« Anja beugte den Kopf leicht in die Richtung, in der der Nörgler und der Porsche-Fahrer mit den Polizistinnen verschwunden waren.

»Mike ist ein entfernter Verwandter«, antwortete Oliver und stand auf. »Kommst du mit ans Buffet? Das dauert ja wohl noch eine Weile.«

Anja begleitete ihn. »Und was ist mit Marcel?«

Oliver zog die Schultern hoch, während sie sich in die Schlange am Geschirrtisch stellten. »Keine Ahnung, wo Leni den aufgetan hat.«

»Den hat sie übers Internet kennengelernt«, mischte sich die ältere Frau ein, die vor ihnen wartete. »Renate hat sich furchtbar aufgeregt, als sie sich mit dem Hallodri wieder bei ihr meldete.«

Anja verkniff sich ein Lachen angesichts der Bezeichnung ›Hallodri‹. Selten hatte sie so gut gepasst wie auf Marcel Weber, der von seiner ganzen Art her wirkte, als hätte er noch nie einen Handschlag gearbeitet.

Die ältere Frau beugte sich zu ihr hin. »Ich glaube, das ist ein Heiratsschwindler«, sagte sie leise. »Jedenfalls stimmt etwas nicht mit dem. Ich bin ganz sicher, dass ich den schon einmal getroffen habe. In Bad Salzuflen, als ich dort zur Kur war.«

»Bestimmt haben Sie ihn nur verwechselt«, entgegnete Anja. Sie wollte Oliver mit ihrem gefüllten Teller folgen, doch eine Bemerkung der Frau hielt sie zurück.

»Ich bin ganz sicher. Der Mann in dem Kurhotel hatte genau die gleiche Tätowierung auf dem Finger. Dort, wo andere den Ehering haben.«

Anja versuchte sich an die Hand des Mannes zu erinnern. Sie war sich sicher, dass dort ein Ehering steckte, und das sagte sie der Frau auch.

»Ja, sogar ein extra breiter, der die Tätowierung verdeckt. Aber als er warten musste, hat er den Ring hin- und hergeschoben und da habe ich sie gesehen.«

»Aber wir haben uns doch am Anleger nicht lange aufgehalten«, widersprach Anja.

Die alte Frau verzog das Gesicht. »Ich meine doch, als wir warten mussten, bis die Polizei kam.«

»Aber Sie wussten doch gar nicht, dass die Polizei kommen sollte.« Anja war völlig durcheinander. Was redete die alte Frau da?

»Wir haben das Boot gesehen.« Die Frau ging kopfschüttelnd fort.

Anja schüttelte ebenfalls den Kopf. Hatte der Porsche-Fahrer deshalb bereits vor dem Eintreffen der Polizei so nervös gewirkt?

»Tobias, kannst du mir dein Smartphone leihen?«,

bat Anja ihren Sohn. Sie musste prüfen, ob das, was dieser unsympathische Marcel ihr aufgetischt hatte, die Wahrheit war.

Enttäuscht sah sie, wie sich die Seite einer Model-Agentur öffnete und ihr das feiste Grinsen von Marcel Weber entgegensprang. Ein Blick ins Impressum zeigte ihr, dass er tatsächlich Inhaber der Werbeagentur war.

»Wow, das ist ja Orlanda Menos«, ließ sich Tobias vernehmen, der ihr über die Schulter schaute.

Der Name war Anja gänzlich unbekannt.

»Das ist doch eines der angesagtesten Models«, erklärte Tobias ihr. »Alle Designer buchen sie.«

Anja blickte zu ihrem Sohn auf. »Woher weißt du so etwas?«

»Mama, das weiß man«, antwortete er empört. Er wollte das Smartphone an sich nehmen, doch sie stoppte ihn.

»Warte, ich muss noch etwas nachgucken.« Sie gab den Namen von Olivers entferntem Cousin ein. Michael Gesing. Kein Eintrag.

»Wie schreibt sich dein Cousin?«, fragte sie ihren Mann.

Ihr Mann buchstabierte ihr den Namen. Aber auch mit einem ›S‹ statt einem ›ß‹ im Namen fand sie den Mann nicht.

»Ach, das kann nicht sein«, meinte Oliver. »Er hat einen Lehrauftrag an der Uni, die Vorlesungsverzeichnisse sind online.«

Anja versuchte es erneut. Sie fand weder eine Anschrift noch einen Eintrag an der Uni, kein Facebook-Profil und auch sonst nichts, das auf Olivers Verwandten hindeutete.

»Das ist ja komisch«, fand Oliver.

»Was ist komisch?«

Anja hatte nicht mitbekommen, dass sich Michael Gesing an ihren Tisch gesetzt hatte. Er zeigte Ida, wie man ein Kartenhaus baute und sah interessiert zu ihnen herüber. Sie blickte Oliver an. Er zog leicht die Schultern hoch, daraus schloss sie, dass er ebenso wenig wie sie mitbekommen hatte, wann sich der Mann an den Tisch gesetzt hatte. Ein merkwürdiges Gefühl machte sich in ihr breit. Die Polizisten hatten von jemandem gesprochen, dessen Identität nicht stimmte. Aber Oliver kannte seinen Cousin doch.

Sie erinnerte sich, dass er in seiner Zeit im Ausland keinen Kontakt zu den Verwandten gehabt hatte. Erst nach ihrer Hochzeit hatten sie sich wieder häufiger getroffen. Wie genau war der Mann eigentlich mit Tante Renate verwandt? Solange er an ihrem Tisch saß, konnte sie das nicht herausfinden. Und dann saß er auch noch direkt neben Ida.

»Ida, du wolltest doch ein Gedicht aufsagen.« Anja war froh, dass ihr diese Ausrede einfiel.

Ida verzog das Gesicht. »Ich mag nicht, ich möchte lieber weiterbauen.«

Ehe Anja antworten konnte, mischte sich Tobias ein. »Ich würde an deiner Stelle ein Gedicht aufsagen. Ich habe nämlich gesehen, dass Tante Renate in ihrer Handtasche eine große Tafel Schokolade versteckt hat. Die ist bestimmt für ein Kind, das ein Gedicht aufsagt.«

Zufrieden sah Anja, wie Ida aufsprang. Mit Schokolade war sie immer zu ködern. Ihre Tochter stapfte mit großen Schritten nach vorn und baute sich vor Tante Renate auf.

»Warte, ich will ein Foto machen!«, rief Anja und eilte hinterher.

»Aber ich will auch aufs Foto«, erklärte Tobias und folgte ihnen.

»Und ich?«, fragte Oliver und stand ebenfalls auf. »Sorry, aber ich muss mich um meine Familie kümmern«, entschuldigte er sich bei seinem Cousin.

»Was sollte das denn?«, flüsterte Oliver Anja zu, als er neben ihr stand und zusah, wie Ida für ihren Vortrag tatsächlich eine Tafel Schokolade bekam.

»Ich wollte weg von dem«, wisperte Anja. »Irgendetwas stimmt da nicht.«

In dem Augenblick betraten die Polizisten erneut den Raum. »Es tut uns leid, aber wir müssen Ihre Taschen überprüfen«, sagten sie. »Das geht schnell.«

Eine Frau mit einem Schäferhund bahnte sich einen Weg durch die Beamten und wollte den Raum systematisch durchsuchen. Auf einmal zog dieser an der Leine und drängte an Ida vorbei in eine Ecke nahe von Tante Renates Platz, wo die Geschenke standen.

»Ich glaube, er hat etwas gefunden«, sagte die Hundeführerin und zeigte auf ein Geschenk, das durch das Papier die Form einer Karaffe hatte.

Der Kommissar kam näher und zog dünne Latexhandschuhe an. Vorsichtig löste er das Papier von der Karaffe.

In dem Augenblick entstand hinter Anja ein kleiner Tumult. Sie drehte sich um. Marcel Weber wurde von den Beamten daran gehindert, den Raum zu verlassen, als gleichzeitig das Geburtstagskind empört rief: »Wie können Sie es wagen, das Geschenk meiner Tochter zu öffnen.«

»Lass sie doch, Mama«, hörte Anja die Stimme von Madame Leo-Stiletto, die erstaunlich ruhig klang. »Solange sie das Geschenk nicht kaputtmacht.«

Unter dem Geschenkpapier kam ein Steingut-Krug zum Vorschein. Aus dem Krug fischte der Kommissar jedoch eine Pistole.

»Ich gehe davon aus, dass das die Tatwaffe ist«, sagte er, ohne die verwirrten Gesichter der Gäste zu beachten. »Können Sie uns erklären, wie die da hineingekommen ist?«, fragte er Renates Tochter.

»Ich habe keine Ahnung.« Sie blickte sich um. »Marcel hat die Tasche mit dem Geschenk getragen.«

»Dann werden wir uns mit Ihrem Mann unterhalten müssen.« Der Kommissar blickte den Porsche-Fahrer an. »Das wird sicher ein aufschlussreiches Gespräch. Wenn ich mich nicht irre, haben noch andere Kollegen ein großes Interesse daran.«

»Was soll das denn heißen?« Leni drängte sich durch die alten Leute, die aufgestanden waren, um zu sehen, mit wem der Kommissar sprach.

»Nun, Ihr Mann wird unter anderen Namen in verschiedenen Gegenden Deutschlands gesucht. Tja«, sagte er, an den Porsche-Fahrer mit dem falschen Namen gewandt, »wenn man dazu neigt, sich neue

Identitäten zuzulegen, sollte man kein auffälliges Tattoo tragen.«

Da hatte die alte Frau tatsächlich richtig gelegen. Anja war überrascht, aber so schlecht war sie auch nicht. Wäre nicht Olivers merkwürdiger Cousin dazwischengekommen, hätte sie den Fall vor dem Kommissar gelöst.

Eines wollte sie aber noch wissen. »Wieso finde ich nichts über dich im Internet?«, erkundigte sie sich bei Mike.

Er sah sie mit gerunzelter Stirn an. »Weil ich kein gläserner Mensch bin! Was meinst du, wie viel Zeit ich damit verbracht habe, meinen Namen überall löschen zu lassen.«

Anja wusste nicht, was sie von dem Mann halten sollte. Anscheinend gehörte er zu den Menschen, die besonders vorsichtig waren. Beim Essen war ihr aufgefallen, dass er die Kellner nach der Herkunft jedes Lebensmittels gefragt hatte, das hätte ihr zu denken geben sollen.

»Ja, ich fürchte, Sie müssen woanders weiterfeiern und mit einem Gast weniger«, verabschiedete sich der Kommissar.

Das Geburtstagskind nickte müde. »Ich brauche jetzt ohnehin einen Mittagsschlaf. Ihr könntet ja so lange eine Runde im Landschaftspark 115 spazieren gehen.«

Anja war das ganz recht. Dann konnten sie sogar einen Abstecher zum Geleucht 116 machen, wie sie es Ida versprochen hatten. Doch die Tante hatte andere Pläne. »Um 15.30 Uhr gibt es dann Kaffee und Kuchen im Café auf der Pferderennbahn 117 in Mülheim. An der

Schifferbörse wartet ein Bus auf diejenigen, die nicht mit dem Auto gekommen sind.«

Anja schien es, als hätte die alte Frau den Grund, weshalb sie die Fahrt vorzeitig abbrechen mussten, schon vergessen. Vielleicht wurde der Nachmittag doch noch vergnüglich.

Seit Jahren lag sie Oliver in den Ohren, mit ihr endlich ein Pferderennen zu besuchen. Nun konnte er sich nicht wehren. Mit einem breiten Grinsen hakte sie sich bei ihm unter und verließ zusammen mit ihren Kindern das Schiff und träumte davon, auch einmal im Lotto zu gewinnen und sich einen solchen Geburtstag zu leisten. Vielleicht sogar mit einer Leiche, gespielt natürlich nur!

105 Seit 2011 hat Duisburg eine besondere Attraktion: Tiger and Turtle – Magic Moments, die begehbare Großskulptur mit der Anmutung einer Achterbahn von Heike Mutter und Ulrich Genth.

106 Eine Schiffsrundfahrt durch den Binnenhafen in Duisburg offenbart, weshalb dieser Hafen als der größte Europas gilt – ein Ausflugsziel, das mit dem Hafenviertel und dem Binnenschifffahrtsmuseum wirklich für jeden Geschmack etwas bietet.

107 Mitte der 90er-Jahre gründeten Radioliebhaber das Radio-Museum in Duisburg, das als Geheimtipp im Ruhrgebiet gilt.

108 Wohl kaum eine Museumsmeile bietet so viel Abwechslung und spricht so viele Geschmäcker an wie die in Mülheim, dort finden sich ein Leder-museum, das Museum zur Vorgeschichte des Films Camera Obscura, ein Wassermuseum im alten Was-serturm, ein Schloss, eine alte Post und ein breites Kunstangebot.

109 Top Secret wird es für alle, die sich in die Ausstel-lung über die Welt der Spionage in Oberhausen wagen. Hier können sie in die das Leben von 007 und Kollegen eintauchen.

110 Schon von Weitem scheint der Gasometer in Oberhausen zu rufen: Besuch mich! Einer Aufforderung, der man folgen sollte, weil mit der Fahrt in dem Glasaufzug und dem Blick über die Region eines der Highlights des Ruhrgebiets wartet.

111 In der Wasserwelt Wedau bleiben kaum Wünsche rund ums Wasser offen, selbst die kleinen Besucher kommen auf verschiedenen Spielplätzen und dem Wasseraktionsspielplatz auf ihre Kosten.

112 Im Stadtgarten in Bottrop überrascht ein Gebäude, das als ›Josef Albers Museum Quadrat‹ Mitte der 8oer-Jahre gegründet wurde und in dem Exponate der Ur- und Frühgeschichte ebenso zu sehen sind wie die Werke des Bottroper Künstlers Josef Albers.

113 Im Lehmbruck Museum in Duisburg rückt Kunst näher, Skulpturen im Museum und Skulpturenpark sowie außergewöhnliche Wechselausstellungen zeigen, was die Werke Wilhelm Lehmbrucks mit Kunst heute verbindet.

114 Das Appeltatenfest bildet einen Höhepunkt im gesellschaftlichen Leben Gladbecks. Wer im September in der Region ist, sollte dieses Fest samt der Krönung der Appeltatenmajestät nicht verpassen.

115 Natürlich lohnt sich auch ein Sonntagmittag-Spaziergang im Landschaftspark in Duisburg. Seine ganze Faszination entfaltet er aber erst bei Einbruch der Dunkelheit, wenn die Lichtinstallation von Jonathan Park eingeschaltet wird.

116 Kurz bevor die A 42 auf die A 57 trifft, entdecken Autofahrer in der Ferne eine knallrote Skulptur auf dem Berg. Das Geleucht, eine Landmarke, die immer mehr Besucher anzieht.

117 Übrigens kommen auch Liebhaber von Pferderennen in der Metropole Ruhr auf ihre Kosten, zum Beispiel auf der Rennbahn Raffelberg in Mülheim.

XANTEN – DEN NIBELUNGEN
AUF DER SPUR

Hey, Leute,

was geht? Wenn ihr Lust habt, mich zu treffen – ich bin gerade auf einer Blogger-Convention, also sowas Ähnliches, in Xanten. Ihr wisst ja, dass Spritty nicht mehr der Jüngste ist und manchmal schlapp macht. Hier werde ich ein vollgeiles Wohnmobil gewinnen. Also vermutlich. Und nur für lange Fahrten. Ich bin hier bei den alten Römern im Archäologischen Park **118**. *Aber wenn ich mir die anderen Typen hier so angucke, glaube ich, das wird was. Wir sind noch sieben Blogger, die es ins Finale geschafft haben. Aber unter uns, die anderen sind nicht meine Kampfklasse. Ihr werdet's sehen.*

CU, Kempi

»Herzlich willkommen im Römer-Hotel«, begrüßte ein dunkelhaariger Mann im smarten Zweireiher die Gruppe, die sich um den Tisch im Seminarraum versammelt hatte. »Falls Sie Fragen zur Unterbringung haben, dürfen Sie sich gerne direkt an mich wenden. Mein Name ist Holger Götz und ich bin der Veranstaltungsmanager.«

»Auch von mir ein herzliches Willkommen«, übernahm eine kleine sportlich wirkende Frau das Wort.

»Ich bin Derya Levante. Mich kennen Sie bereits aus den E-Mails. Ich freue mich, dass Sie alle gekommen sind und gratuliere Ihnen zum Einzug ins Finale unseres Blogger-Wettbewerbs über den Archäologischen Park in Xanten. Ich schlage vor, wir beginnen mit einer Vorstellungsrunde. Ahzu, die in ihrem Blog FiftyThree über die 53 Städte der Metropole Ruhr schreibt.« Die Projektmanagerin stockte kurz, ehe sie den Satz beendete. »Ist leider kurzfristig verhindert.«

»Ist doch super für uns, ein Konkurrent weniger«, meinte Bernd mit einem breiten Grinsen, bei dem sein Gesichtstattoo seine volle Wirkung entfaltete.

»Was hat sie denn?«, erkundigte sich Mimi und warf ihre langen blonden Haare nach hinten, ehe sie sich vorbeugte und Derya Levante neugierig ansah.

»Ist doch egal«, nuschelte Volker, als hätte er zum Frühstück schon die erste Lage Bier und Schnaps zu sich genommen.

»Dazu möchte ich nichts sagen«, antwortete Derya Levante und bat sogleich Sven Kempelmann, sich und sein Blog vorzustellen.

Sven berichtete von Spritty, Lappi8 und den Wildscheinen und gab das Wort weiter an den schwarzhaarigen Mann in den 20ern, der neben ihm saß.

»Ich bin Georgio und komme aus Italien. Mein Beruf ist Model und ich blogge über die Modeszene und alles, was mit meiner Heimat zu tun hat«, erklärte der Italiener.

Derya Levante nickte wohlgefällig. »Die Idee, unser Museum in ihrem Blog vorzustellen, fanden wir klasse.

Ruhrgebiet kann jeder, aber wir freuen uns natürlich auch, wenn wir über die Grenzen hinaus bekannt werden.«

»Sorry, aber für mich gehört Xanten ganz klar zum Niederrhein und nicht zum Ruhrgebiet«, meldete sich Tim zu Wort, wobei sein rechtes Augenlid nervös zuckte. »In meinem Blog LoveNR habe ich bereits mehrere Beiträge über Events in Xanten und natürlich auch über das Römermuseum geschrieben.« Er setzte sich gerade hin und schaute von oben herab auf die anderen.

»Dann weiß ich nicht, was du noch hier willst«, konterte Sandy und verschränkte ihre Arme unter dem üppigen Busen, der zu ihrem üppigen Körper und ihrer ausladenden dunkelblonden Lockenpracht passte. Nur die zierliche Brille stach aus dem Gesamtbild heraus. »Ich habe in Sandy2.0 bisher noch nicht über die Location hier geschrieben, eben weil ich an dem Wettbewerb teilnehme.«

Mit geradem Oberkörper und zusammengekniffenen Augen beugte Tim sich zu Sandy herüber. Ehe er etwas sagen konnte, bat Derya die restlichen Teilnehmer, mit der Vorstellungsrunde fortzufahren.

»Hier sind Ihre Dauerkarten für das Wochenende«, erklärte die Projektmanagerin dann. »Nur noch mal für alle. Die Aufgabe ist, einen Blogbeitrag über den Park zu veröffentlichen und zwei weitere über Sehenswürdigkeiten in Xanten, da haben Sie freie Hand. Von der Fußstapfenroute **119** bis zur Kriemhildmühle **120** ist alles möglich.«

»Müssen die Orte in Xanten sein oder geht auch der

Terrazoo **121** in Rheinberg?«, wollte Bernd wissen. Er deutete auf das Schlangentattoo auf seinem Arm. »Ich würde meinem Freund hier gerne seine Verwandten zeigen.«

Derya Levante schüttelte den Kopf. »Da bitte ich um Verständnis, aber unsere Sponsoren«, sie wies auf Holger Götz neben ihr, »unter anderem das Römerhotel, möchten natürlich, dass Xanten im Mittelpunkt steht. Und ich denke, die Stadt hat genug zu bieten. Vielleicht treffen Sie ja auf der Bislicher Insel **122** eine Blindschleiche.«

»Schade, ich dachte, ich könnte für meinen Schlösser-Guide das Wasserschloss Voerde **123** vorstellen«, bedauerte Mimi.

»Ach, Sie finden sicher auch in Xanten etwas Schönes. Hier sind die Unterlagen der Stadtinformation sowie alles, was es über unseren Park gibt.« Derya Levante schob jedem Teilnehmer eine dicke Mappe mit Unterlagen über den Tisch.

»Ich wünsche Ihnen viel Erfolg. Ach ja, die Jury bilden neben dem Oberbürgermeister, unser Geschäftsführer und Holger Götz.«

Sven Kempelmann betrachtete seine Konkurrenten noch einmal genau, ehe er aufstand. »Man sieht sich!«, rief er in den Raum und verschwand durch die Tür, während hinter ihm Tim und Sandy lautstark darüber diskutierten, ob Xanten zum Niederrhein oder zum Ruhrgebiet gehörte.

Hallo, Leute, Lappi8 und ich melden uns heute mal aus einem geilen Hotelzimmer. Ist schon auch schön, so eine

Dusche mit warmem Wasser und eine riesige Badewanne. Und jemand, der Sprittys Minibar auffüllt, könnte ich auch gebrauchen. Habe gerade die erste Runde in dem Park gemacht. Der Wahnsinn, sag ich euch, wie die Römer früher gelebt haben. Obwohl ich bei denen nicht Sklave sein wollte. Da ist mir das Heute doch lieber.

Die anderen Typen sind nicht meine Wellenlänge. Vielleicht noch diese kleine Blonde mit den Schlössern. Mimi. Gerade gab es schon Feindberührung, als sie kreischend aus den noblen Baderäumen kam und direkt in mich hineinlief.

Sagen wir es mal so, wieder ein Konkurrent weniger. Mimi hat nämlich neben einem der Dinger, das wie ein Taufbecken aussieht oder ein Spucknapf, unseren Freund Georgio, the Model-Blogger, gefunden. Tot. Sorry, da gibt's nichts zu umschreiben. Ich habe die 110 gewählt und bin dann rein in den Raum. Da lag er auf dem Boden und gab keinen Mucks von sich.

Noch bevor die Bullen kamen, trudelten der Veranstaltungsmanager, dieser Schlangen-Bernd, der bekiffte Volker und die anderen ein. Wildheart Sandy mit ihrer wallenden Mähne hielt gleich ihre Kamera drauf. Sie schreibt ja auch keinen Blog, sondern hat einen Vlog. Wie Mimi auch. Scheint der neue Trend zu sein. Nicht für mich! Ich habe schon überlegt, ob ich mit einer Maske rumlaufe, weil ich keinen Bock habe, in ihren Videos aufzutauchen. Deshalb versuche ich immer da zu sein, wo die anderen gerade nicht sind. Habe mich gleich verpisst, als die Bullen kamen. Sollen die anderen doch über den Toten schreiben, ich guck mir lieber das Amphithea-

*ter an. Übrigens eine geile Location für einen Gig. Das
wär was für die Wildscheine. Werde mir die Veranstal-
ter-Braut warmhalten. Bis später, mal sehen, was geht.*

   Kempi

»Ich hoffe, Sie haben nichts angefasst«, begrüßte Kommissarin Annika Söring die Menschen, die sich hinter
dem rot-weißen Flatterband drängten.

   »Wir halten sie schon in Schach«, meinte einer der uniformierten Beamten, die dafür sorgten, dass die Besucher des Archäologischen Parks sich von dem Gebäude
fernhielten. Er zeigte auf die Gruppe um Mimi. »Die
gehören zu dem Toten.«

   »Ich würde Sie gerne gleich noch sprechen«, sagte die
Ermittlerin zu Bernd, Sandy, Mimi, Volker und Tim, die
miteinander tuschelten.

   »Dürfen wir Fotos machen für unseren Blog?«, erkundigte sich Bernd.

   Die Kommissarin schüttelte den Kopf. »Wenn das
Ihre einzige Sorge ist! Die Antwort ist klar: Nein.« Sie
sah in die Runde. »Es wäre schön, wenn Sie sich mit
Beiträgen über den Vorfall hier erst einmal zurückhalten könnten.«

   Sandy verzog das Gesicht. »Mist«, murmelte sie leise.

   Doch Annika Söring hatte ein gutes Gehör für feine
Töne. »Hier gibt es doch genug, worüber Sie schreiben
können.«

   Sandy öffnete den Mund, schloss ihn aber gleich
wieder und nickte nur. »Ich gehe dann mal drüben im
Amphitheater gucken.« Sie schlenderte langsam davon.

Mimi und die anderen folgten ihr. Sie waren erst wenige Schritte weit gekommen, als hinter ihnen jemand rief: »Sie brauchen wir noch!«

Die Blogger drehten sich um. Der uniformierte Beamte zeigte direkt auf Mimi und sagte zu Annika Söring: »Die Frau hat den Toten gefunden.« Er sah sich um. »Zusammen mit einem komischen Typen. Wo ist der eigentlich?«

Bernd, Sandy, Mimi, Volker und Tim blickten sich um. »Kempi ist verschwunden.«

Die Kommissarin seufzte. »Was wird das hier? Acht kleine Bloggerlein?«, flüsterte sie ihrem Kollegen in Uniform zu. »Warten Sie bitte alle hier und wenn Sie Ihren Kollegen noch herbeischaffen könnten, wäre das wunderbar. Ich bin gleich wieder da.« Annika Söring verschwand in dem Gebäude.

»Der Tote heißt Georg Montoya, er ist Italiener und tritt unter dem Namen Georgio als Model auf. Seine Familie lebt in Italien, mehr haben wir über ihn nicht herausfinden können«, empfing der Kollege im Innenraum die Kommissarin. »Ach ja, er ist schwul, aber das ist heute ja nichts Besonderes mehr.«

»Sagen Sie das nicht«, entgegnete Annika Söring. »Es gibt immer noch Menschen, die denken, Homosexuelle wären direkt vom Teufel gesandt.«

»Und andere, denen egal ist, ob Schwule und Lesben aus dem Himmel oder der Hölle kommen. Was nicht in ihr rechtes Weltbild passt, lebt gefährlich«, mischte sich der Gerichtsmediziner ein. »Die Todesursache ist ziemlich eindeutig. Erstochen mit einem scharfen Gegenstand, vermutlich einem Messer. Dann ist er blöd gefallen und hat sich den Kopf angeschlagen.«

Mit angeekeltem Blick betrachtete die Kommissarin die Blutlache, die sich vergrößerte, als die Leiche angehoben wurde. Sie schüttelte sich. »Sehr merkwürdig, das ist schon der zweite Teilnehmer dieser Gruppe, der das Ende des Wettbewerbs nicht erlebt. Zufällig rief mich heute ein Kollege aus Dortmund an, weil die Mordkommission dort seit gestern Abend den Fall der 22-jährigen Ahzu Tumula auf dem Tisch haben, die heute im Römerhotel einchecken und an dieser Veranstaltung teilnehmen wollte.« Sie blickte an die Wand und hatte für einen kurzen Moment das Gefühl, sie hätte dort ein Gesicht gesehen. »Ich brauche Urlaub«, sagte sie zu sich selbst und schob das Hirngespinst beiseite.

Oh Mann, ich sag's euch. Ich drehe den Schlüssel zu meinem Hotelzimmer zweimal um und stelle einen Stuhl unter die Klinke, das versprech ich euch. Ihr glaubt nicht, was ich mitgekriegt habe. Die anderen hatten mich angefunkt, ich solle gefälligst erscheinen, die Kommissarin wollte mich sprechen. Solche Befehle sind nicht mein Ding, aber ich war doch neugierig, was nun mit dem toten Georgio ist. Also habe ich mich an das Gebäude herangerobbt, aus dem er abtransportiert wurde. Nicht direkt gerobbt, aber schon ein bisschen getarnt. Mimi und Co. habe ich umrundet.

Manchmal muss man Glück haben. Ich hatte es heute. Ich landete direkt am Hintereingang bei den Bädern und ganz in der Nähe stand eine Kiste. Ey, was macht ein alter Agatha-Fan? Er peilt die Lage durchs Oberfenster, zumal das geöffnet war und ich Stimmen hörte.

Ich geb's zu. Das, was die Bullen von sich gaben, hätte mich fast von der Kiste geworfen. Diese Ahzu war ebenfalls tot. Deshalb hatte die Veranstaltungsbraut so gestammelt und vermutlich hatte der Hotelfuzzi so gegrinst, weil er das Zimmer anderweitig verplanen konnte. Nach dem, was ich verstanden habe, ist Mrs. FiftyThree nicht einfach zusammengeklappt, sondern es hat jemand nachgeholfen. Wenn ich das Fachchinesisch korrekt übersetzt habe, mit einem Messer oder so. Kein schöner Tod. Ich dachte gerade noch darüber nach, wie viel Blut in einem Menschen ist, da sah ich die Augen der Kommissarin. Direkt gegenüber. In einem Spiegel, ich habe schnell den Kopf eingezogen und mich zu den anderen gesellt.

Die waren total von der Rolle und spekulierten, wieso Georgio tot war. »Diese Itaker sind doch alle irgendwie in der Mafia«, verkündete Bernd, während er seinen muskulösen Oberkörper zurechtschüttelte.

»Das ist doch Quatsch«, fand Sandy. »Das weiß doch jeder, dass die Modebranche gefährlich ist. Guckt mich an.« Sie warf ihre Brust in Körbchengröße XXL in die Runde. »Ich habe auch Morddrohungen erhalten, nachdem ich auf dem Titelblatt eines Herrenmagazins war.«

»Kein Wunder, die wollten verhindern, dass du ihre Augen noch mal beleidigst!« Ich hätte nicht gedacht, dass dieser Volker solche Sprüche raushauen konnte. Der Hammer.

Das fand Sandy wohl nicht. Sie erkundigte sich freundlich bei Bernd, ob er sein Messer bei sich hätte, und lamentierte herum: »Wo ist dein Messer denn? Hier könnte es sich nützlich machen.« Dabei zeigte sie auf Volker, der seinen Arm um Mimi legte und ihre Brust betatschte. »So muss eine Brust sein. Knackig, passend für eine hohle Männerhand. Nicht?« Er kam nicht mehr dazu, seinen Satz zu beenden, weil sich die Kommissarin hinter uns räusperte. Leider hat es mir nichts genutzt, dass ich mich weggedreht habe. Deshalb habe ich gerade viel Zeit zum Schreiben. Wie gut, dass ich Lappi8 bei mir habe. So kann ich mir die Zeit im Polizeibulli vertreiben.

Kempi

»Sie haben also den Toten gefunden?« Annika Söring saß in dem Einsatzwagen direkt gegenüber von Sven Kempelmann, der seine Arme auf dem Laptop verschränkte.

»Mimi hat ihn gefunden«, korrigierte er. »Ich kam nur gerade dazu, als sie schreiend herumlief.«

»Und wo waren Sie vorher?« Die Kommissarin sah den Blogger fragend an.

»Keine Ahnung, ich bin auf dem Gelände rumgelaufen, um die Stimmung einzufangen. Das mache ich immer, ehe ich schreibe.«

»Genauer geht es nicht? Wer sagt uns denn, dass Sie nicht Hase und Igel mit Ihrer Kollegin gespielt und Georg Montoya erstochen haben?«

Sven Kempelmann schluckte. »Ich bring doch keinen um. Wieso sollte ich? Ich kannte den bis heute Morgen nicht mal.«

»Na ja, Sie sind Konkurrenten in dem Blogger-Wettbewerb. Der Preis ist für Sie«, die Kommissarin schaute in ihr Notizbuch, »doch besonders attraktiv. Wenn ich das richtig verstanden habe, fahren Sie derzeit mit einem alten VW Bulli durch die Gegend. Dagegen ist der erste Preis so etwas wie eine Villa.«

Sven Kempelmanns Augen wurden groß. »Dafür bringt man doch niemanden um!«

»So, wofür würden Sie denn jemanden umbringen? Gerade haben Sie noch gesagt, Sie bringen keinen um.« Annika Söring beobachtete den Blogger genau.

Sven wurde blass und fragte mit einem Zittern in der Stimme: »Sie verdächtigen mich ernsthaft?«

»Im Moment sind Sie alle verdächtig«, antwortete die Kommissarin. »Aber Sie sind mir eine Spur zu neugierig. Woher wussten Sie, dass man von hinten an das Gebäude herankommt? Vielleicht kennen Sie auch andere Wege, wie man unbemerkt vom Tatort verschwinden kann.«

»Ich war das nicht! Ehrlich!« Sven Kempelmann war empört. »Ich bin vielleicht etwas neugieriger als andere, okay. Aber das ist auch alles.«

»Wir werden sehen«, sagte die Kommissarin. Sie beugte sich zu ihm vor. »Um eines bitte ich Sie aber, sprechen Sie mit Ihren Kollegen nicht darüber, was Sie gehört haben.«

Sven Kempelmann seufzte. Er öffnete den Mund, schloss ihn aber gleich wieder und nickte nur. Er musste den Blogbeitrag wieder löschen und dafür schnell hier raus, ehe die Kommissarin davon erfuhr.

»Dann bitten Sie doch diese Mimi, mich kurz zu besuchen«, bat Annika Söring und öffnete die Tür des Einsatzwagens, um Sven Kempelmann hinauszulassen.

Mir reicht's, Leute. Das Gespräch mit der Bulette hat mich schon fertiggemacht. Aber als ich Mimi Bescheid sagen wollte, dass sie zum Verhör muss, war die nicht aufzufinden. Ich traf Bernd, der in der Arena des Amphitheaters ein Selfie machte und mich empfing mit: »Ich benenne meinen Blog um in Bernd The Gladiator.«

Sandy wabbelte unter den Bögen durch und ich wunderte mich, dass sie nicht anstieß. Volker lag auf der Wiese und schlief, Tim saß neben ihm und laberte etwas an ihn hin.

»Kann ich Ihnen helfen?«, *sprach mich der Veranstaltungsmanager an, als ich Mimi in dem Kräutergarten hinter der Herberge suchte.*

Dieser Schnösel wollte tatsächlich seine Hand um meine Schulter legen. Er textete mich mit Informationen über sein Hotel und die römischen Besonderheiten zu. Fragt mich nicht, welche. Ich habe derweilen vergebens nach Mimi Ausschau gehalten. War ich froh, als der Typ sich verabschiedete. Ich entschied, Mimi einfach anzurufen, auf dem großen Gelände konnte sie überall sein. Sie ging jedoch nicht an ihr Handy. Stattdessen trötete mein Smartphone sein Elefantengeheul durch die Gegend. »Sie wollten mir doch diese Mimi schicken!«, *hörte ich die Stimme der Kommissarin.*

»Ich finde Sie nicht und ans Telefon geht sie auch nicht«, *erklärte ich ihr in einem zugegeben nicht gerade freundlichen Ton. Ich hatte echt keine Böcke ihren Job zu machen.*

Das »Oh!« der Frau machte mich dann aber doch stutzig und ich erinnerte mich an das, was ich belauscht hatte. Vielleicht hatte es wirklich jemand auf uns abgesehen. »Ich guck noch mal«, versprach ich. »Ich glaube, sie wollte in den Kräutergarten.«

Ehe ich losging, löschte ich hastig den Blogbeitrag über meinen ungeplanten Lauschangriff. Dann raste ich zum Kräutergarten.

Ihr wollt nicht wissen, was ich dort vorfand. Mimi stand mit dem Rücken zum Rankgitter. Sie war daran festgebunden und gab keinen Mucks mehr von sich. Ich drückte auf letzte entgegengenommene Anrufe und dann die Nummer der Kommissarin, die mich anschnauzte: »Rühren Sie nichts an!« Wollte ich auch nicht. Obwohl mich die Kamera mit ihren Filmchen interessiert hätte. Aber die war komischerweise nicht da, und ich habe sorgfältig gesucht, bis die Bullen kamen, das könnt ihr mir glauben.

CU, Kempi

»Diese Mimi heißt in Wirklichkeit Snezana Svetlana«, begann Annika Söring die Besprechungsrunde, die sie für den Samstagabend einberufen hatte. »Ich weiß, ihr hatte heute alle etwas Besseres vor, aber zwei Tote an einem Tag, das rechtfertigt Überstunden. Vor allem aber müssen wir schnell vorankommen, wenn es tatsächlich jemand auf die Blogger abgesehen hat.«

»Aber glauben Sie wirklich, da bringt jemand eine Gruppe Blogger um?«

Kommissarin Söring blickte nachdenklich in die Runde. »Wir wissen, dass die Motive gelegentlich seltsam sind. Von uns kennt sich keiner in der Blogger-Szene aus, wer weiß, was dahintersteckt.«

Der Gerichtsmediziner ergriff das Wort. »Die Tötungsarten sind unterschiedlich, unser erstes Opfer hier wurde erstochen, das zweite mit einem Blumendraht erdrosselt. Für mich sieht das nach zufälligen Taten aus. Der Täter nimmt, was er kriegen kann.«

»Was ist eigentlich mit diesem Teilnehmer, der immer ein Messer bei sich trägt?«, wollte die Kommissarin wissen.

»Er behauptet, es hätte ihm jemand gestohlen, als seine Lederjacke im Seminarraum unbeaufsichtigt war«, antwortete ein Kollege.

»Kann sein, kann nicht sein. Jedenfalls wusste jeder, dass er ein Messer bei sich trug, und die Rolle mit dem Blumendraht lag im Kräutergarten herum«, fasste Annika Söring zusammen. »Gibt es etwas Verwertbares von der Filmkamera?«

»Keine Spur«, erklärte der Vertreter der Spurensicherung. »Alles andere ist da, ein ziemlich teures Smartphone, Geld, nur die Kamera fehlt.«

»Habt ihr überprüft, ob sie die Filme in einer Cloud gespeichert hat? Vielleicht hat sie ungewollt etwas Wichtiges gefilmt, als sie den Toten fand.«

Enttäuscht lauschte die Kommissarin den Berichten ihrer Kollegen. Die Kamera blieb verschwunden, die Daten waren nicht aufzufinden und Motive für Einzeltaten an Georg alias Georgio und Svetlana alias

Mimi waren auch nicht auszumachen. Blieb als einziger gemeinsamer Nenner der Blogger-Wettbewerb.

»Es gibt noch eine Gemeinsamkeit«, beendete der letzte Kollege seine Ausführungen. »Alle drei haben einen Migrationshintergrund.«

»Das stimmt zwar, aber führt uns das nicht zu weit weg, Dietmar?« Annika Söring war skeptisch.

»Ich habe die restlichen Teilnehmer überprüft, da gibt es zwei die durchaus Kontakte in die rechte Szene haben«, entgegnete Dietmar. »Und einer von ihnen hat bereits eine Vorstrafe wegen eines Gewaltdeliktes.«

Die leitende Ermittlerin ließ ihren Blick von einem Kollegen zum anderen gleiten. »Ok, wir ermitteln in drei Richtungen. Wer kümmert sich um das rechte Motiv? Wer bleibt wegen des Blogger-Wettbewerbs am Ball? Und wer nimmt sich jeden einzelnen Toten vor. Noch können wir den Zufall nicht ausschließen. Vielleicht hatte jeder seinen eigenen Mörder.«

Die Beamten bildeten Arbeitsgruppen und tauschten ihre Ermittlungsergebnisse aus.

»Es wäre gut, wenn wir morgen früh über die aktuellen Informationen sprechen könnten«, sagte Annika Söring, ehe sich die Teams in ihre Büros zerstreuten.

Hi, Leute,

ich bin etwas in Eile, weil ich schnell Mimis Videos durchgucken muss, ehe die Bullen spitzkriegen, dass ich ihre Kamera habe. Zuerst dachte ich ja, die wäre weg. Dann fand ich sie versteckt hinter einem Busch auf einem Stativ. Da hatte sie wohl gerade versucht, Vögel im

Nest aufzunehmen. Das Tablet, mit dem sie die Kamera bedient hat, war allerdings nicht da. Aber die Speicherkarte. Wo die überall vorher gewesen ist, ehe sie im Park eintrudelte. Ein Film zeigt den Barockgarten am Kloster Kamp **124**. *Sagt Mimi auf dem Video wenigstens. Die war wirklich strange, ist doch tatsächlich extra nach Wesel gefahren, um sich das Geburtshaus von Konrad Duden* **125** *anzugucken. Voll crazy. Aber das ist auch egal. Auf einem Video sieht man Georgio, wie er pfeifend in das Gebäude schlendert, das er mit den Füßen voran in einem Zinksarg wieder verlassen wird. Mimi ist ihm gefolgt und hat sogar die Kamera draufgehalten, als Georgio heimlich in das Marmorbecken geschifft hat. Langsam komme ich mir total normal vor. Wehe, mein Alter fängt wieder damit an, ich wäre nicht normal. Dann zeig ich ihm das Video.*

Georgio hat sein Ding gerade weggepackt, da sieht man eine Hand mit einem Messer. Die Kamera wackelt ziemlich heftig. Anscheinend hat Mimi Panik gekriegt. Der Kameraeinstellung nach, kann sie nicht gleichzeitig gefilmt und gestochen haben und da die Kamera wackelt, muss diese bewegt worden sein. Sie kann also nicht der Täter sein.

Boah, das dauert ewig, bis die Filme auf meiner Festplatte sind. Hoffentlich sind die Bullen noch da, wenn ich fertig bin. Sonst muss ich glatt zur Polizei fahren und das Video abgeben. Wenn mir nur einfallen würde, bei wem ich diesen komischen Fleck auf der Hand, die das Messer hält, schon mal gesehen habe? Aber wer merkt sich schon Leberflecken bei anderen? Ich könnte nicht mal sagen, wo ich welche habe!

Fertig. Dann men ciao, ich guck mal, ob ich die Kamera loswerde, und glotze dabei den Leuten auf die Finger.

Kempi

»Bitte bringen Sie den jungen Herrn doch sofort zu uns ins Präsidium«, sprach Kommissarin Söring in ihr Smartphone. Ihre Kollegen, die gerade den Besprechungsraum verlassen wollten, blieben stehen.

»Einer der Blogger hat die Kamera gefunden«, erklärte Annika Söring. Sie zog die Stirn kraus. »Schon komisch. Beim ersten Toten hier im Park war er sofort am Tatort, die zweite Leiche hat er entdeckt und nun die Videokamera.«

»Klingt ganz danach, als stünde er ganz oben auf der Top 10 der Verdächtigen«, meinte einer der Kollegen.

»Ja, aber würde er uns dann die Kamera bringen?« Annika Söring bewegte nachdenklich den Kopf hin und her. »Ich weiß nicht. Mein Bauch sagt mir, er ist zwar gerissen, aber kein Mörder. Lasst uns schauen, was auf der Kamera ist.«

Die Ermittler des Teams Blogger-Verdacht wartete mit der Kommissarin gespannt auf den Einsatzwagen, der Sven Kempelmann und die Kamera der verstorbenen Mimi-Svetlana bringen sollte.

»Da sind Sie ja endlich!«, empfing Annika Söring den Blogger und den Beamten, der ihn in den Raum führte.

»Auf der Kamera ist der Mord an Georgio zu sehen«, sprudelte es aus Sven Kempelmann heraus. Er räumte ein, dass er die Kamera gefunden und die Filme angesehen hatte. »Aber Sie waren schon weg und ich habe noch einmal alles abgesucht«, verteidigte er sich.

Die Kommissarin ging nicht darauf ein. Sie betrachtete den Film, den ihr Kollege über den Beamer auf die Wand projizierte.

»Wissen Sie, wer einen solchen Leberfleck auf der Hand hat?«, fragte sie Sven Kempelmann, ohne den Blick von dem Video zu nehmen.

»Ich bin gerade noch schnell bei den anderen vorbei, die sitzen bis auf Volker in der Kneipe. Von denen hat keiner einen solchen Fleck auf dem Handrücken«, berichtete der Blogger.

»Das würde bedeuten, dass es möglicherweise dieser Volker ist, der seine Gewinnchancen erhöht«, flüsterte einer der Beamten seiner Chefin ins Ohr. Mit einem Blick auf Sven Kempelmann deutete sie ihm an, nichts mehr zu sagen.

»Ich danke Ihnen, dass Sie uns die Kamera dann doch noch gebracht haben, und werde mir überlegen, ob wir Ihnen ein Verfahren wegen Unterschlagung von Beweismaterial anhängen oder nicht.«

Sven Kempelmann starrte die Kommissarin entsetzt an. »Sie haben die Kamera hinter dem Busch doch übersehen.«

»Hinter dem Busch?« Annika Söring horchte auf. »Wieso hinter dem Busch?«

»Na, der Busch neben dem Rankgitter.«

»Sie meinen, die Kamera war auf das Rankgitter gerichtet?«, hakte die Kommissarin nach.

Sven Kempelmann nickte. »Ich dachte, sie wollte das Vogelnest filmen.« Er stockte. »Meinen Sie, sie wollte sich selbst und den Täter aufnehmen?«

»Darüber, was ich meine, kann ich Ihnen nichts sagen«, beendete Annika Söring die Spekulationen. »Vielen Dank, dass Sie gekommen sind. Wir werden Sie zurückbringen. Ein schönes Restwochenende.«

So krass! Ich war heute freiwillig bei den Bullen und habe ihnen die Kamera gebracht. Aber dort habe ich erst gecheckt, was wirklich abging. Ich hätte vorher merken können, dass auf der Karte kein Vogelnest zu sehen war. Mimi hat versucht, sich und den Täter aufzunehmen. Das kann doch nur heißen, dass sie ihn erpresst hat, weil sie ihn erkannt hat. Wie kann man so blöd sein?

Ich packe jetzt meine Klamotten und übernachte im Bus. Das ist mir echt zu heiß hier im Hotel mit den anderen. Da scheint wirklich jemand einen von uns nach dem anderen um die Ecke zu bringen. Eigentlich kann das nur Volker sein, den ich den ganzen Nachmittag nicht gesehen habe. Ich muss rauskriegen, welches Zimmer der hat. Melde mich später aus dem Bus, den ich irgendwo weit weg abstelle, wo mich niemand vermutet. Mich kriegt dieser Blogger-Mörder nicht, das kann ich euch sagen.

So, jetzt bin ich in Sicherheit. In der Lobby habe ich noch Volker getroffen. Wieder halb zugekifft. Hat gejammert, dass Mimi ihm keinen Stoff mehr besorgen kann. Die sah aus wie ein Engel und dann das. Dealen, Erpressen, gut, dass ich keine Zeit mehr hatte, mich mit ihr einzulassen.

Das Wichtigste aber: Volkers Hände sind weiß wie ein Kinderpopo. Echt! Nicht mal faltig, einfach nur hell und leberfleckfrei. Er ist sicher nicht der Typ auf Mimis Kamera. Keiner von uns Teilnehmern ist der Typ mit dem Messer. Obwohl das Messer eindeutig Bernds Messer ist. Ich habe ihm noch schnell ein Standbild aus dem Video gezeigt, ohne mehr zu verraten.

Das heißt aber doch, dass es jemanden geben muss, der einen Hass auf uns hat. Oder die Tode haben nichts mit uns zu tun. Das glaube ich aber nicht. Okay, bei Mimi kann ich mir nun vorstellen, dass ein Junkie sie gekillt hat oder sonst einer ihrer kriminellen Kontakte. Aber Georgio? An die Mafia glaube ich nicht. Und dass Mafia und Junkie gleichzeitig in diesem Park auflaufen, um aktiv zu werden, ist megaunwahrscheinlich.

Ich schlafe jetzt erst mal eine Runde. Morgen trabe ich durch das Gelände und gucke, ob ich jemanden mit Leberfleck auf der Hand finde. Bei der Veranstaltungs-Braut fange ich an. Die wollte ich ohnehin aushorchen, womit man die Jury ködern kann. Träumt schön.

Kempi

»Und, wie weit seid ihr mit euren Recherchen gekommen?« Annika Söring sah müde in die Runde. Am Abend zuvor war es spät geworden, sie hatten versucht, jedes Detail auf den Videos der verstorbenen Mimi-Svetlana zu analysieren. Die Kollegen der Technik hatten festgestellt, dass die WiFi-Steuerung nicht funktioniert hatte. Das Tablet, mit dem die Verstorbene die Kamera bedienen konnte, blieb verschwunden.

»Es sieht alles danach aus, als wäre der Täter davon ausgegangen, dass Aufnahmen auf dem Tablet waren«, fasste die Kommissarin ihre nächtlichen Erkenntnisse zusammen. »Ein Glück für uns, so haben wir zumindest eine Tat auf Video. Wir müssen nur noch den Menschen mit dem Leberfleck finden und sind fertig.«

»Ich habe mich mit den Kollegen in Dortmund kurzgeschlossen«, meldete sich ein Mann zu Wort. »Die Verstorbene, diese Ahzu Tumula, wurde vor ihrem Tod mit einem Mann in einer Disco gesehen. Die Bedienung konnte nicht viel über ihn sagen, weil er einen Hut trug. Aber sie erinnerte sich an einen Leberfleck auf der rechten Hand und sie meint, er hätte irgendwie falsch gewirkt.«

»Falsch?« Annika Söring zog die Augenbrauen hoch. »Wieso falsch?«

»Das konnte die Zeugin nicht sagen. Sie fand lediglich, der Hut hätte unpassend gewirkt und nicht zum Rest der Kleidung gepasst. Als wollte der Mann cool wirken.«

»Das ist im Moment auch zweitrangig. Wichtig ist, dass sich der Verdacht erhärtet, dass es einen Zusammenhang zwischen unseren beiden Toten und der Leiche in Dortmund gibt. Hat das Team mit dem Rechts-Motiv etwas herausgefunden?« Sie blickte in die Runde.

Die Kollegen sahen betreten auf den Tisch. »Bisher gibt es keine Anzeichen, dass einer der beiden Blogger, die in Kontakt zur rechten Szene standen, etwas mit den Todesfällen zu tun hat. Der eine scheint einfach ein Macho zu sein, der mal ein Bier mit zwei Neonazis getrunken hat und der andere ist ein Journalist, der undercover gearbeitet hat.«

Annika Söring wurde hellhörig. »Oder arbeitet! Mit dem Herrn sollten wir uns besonders unterhalten. Welcher der Knaben ist denn das?«

»Das ist dieser Tim, der den Blog LoveNR hat. Ein typischer Vertreter der Sorte ›Stille Wasser sind tief‹. Mit den Rechten hat er sich für einen Artikel verbündet, er kannte sie aus seiner Zeit bei der Bürgerinitiative ›Niederrhein ist nicht Ruhrgebiet‹, die vor Jahren aktiv war. Da tummelten sich damals alle möglichen Leute.«

Die Kommissarin erinnerte sich dunkel an die Zeit. »Das ist doch lange vorbei. Hört trotzdem, ob der etwas mitgekriegt hat. Was ist eigentlich mit dieser Sandy? Die fand ich sehr aufdringlich.«

Ein Kollege grinste. »Dieser Bernd meinte, sie wäre Mordmotiv genug. Die muss sich in der Gruppe wohl sehr hervortun. Aber wir haben nichts über sie gefunden, außer dass sie Vorsitzende des Vereins ›Mehr XXL‹ ist.«

»Ich würde mich gerne auf die Leute beschränken, die einen Leberfleck auf der Hand haben«, meinte Annika Söring. »Der Täter, der Georgio erstochen hat, ist quasi der Angelpunkt unserer Ermittlungen.«

Die anderen nickten. Sie wollten sich gerade auflösen, um im Umfeld der Toten und des Tatorts nach Menschen mit Leberfleck auf der Hand zu suchen, als das Smartphone der Kommissarin klingelte. Sie nahm das Gespräch entgegen und nickte nur. »Wir kommen!«, versprach sie schließlich und steckte das Gerät ein. »Wie es aussieht, können wir uns die Suche sparen.«

Leute, ich sag euch, meine Gefühle sind heute Achter-
bahn gefahren. Ich habe sauschlecht geschlafen und bin
schon früh in den Park, um den Mitarbeitern dort auf die
Finger zu gucken. Irgendwann habe ich Hunger bekom-
men und mich auf den Weg ins Hotel gemacht zum Früh-
stücken. Ach, daran könnte ich mich gewöhnen. Heißer
Kaffee, Rührei, frische Brötchen, alles, was das Herz
begehrt. Meine Konkurrenten saßen bereits dort und
waren fast fertig mit dem Frühstück.

»Haben die Bullen dich laufen lassen?«, begrüßte mich
Bernd. Es tat mir echt leid, dass der zwar Totenkopf-
ringe an den Fingern, aber keinen Leberfleck auf der
Hand hatte. Sandy war nicht viel besser. Sie schlug in
die gleiche Kerbe. Volker starrte in seine Kaffeetasse und
Tim fotografierte uns mit seinem Handy. »Zur Erinne-
rung«, meinte er. Ein Foto von denen brauche ich nicht,
das sag ich euch.

Nach dem Frühstück meckerte Sandy, dass ihr Bett
zu schmal sei. Unter uns, ich weiß nicht, ob es ein Bett
gibt, das für die breit genug ist. Die Bedienung versprach,
jemanden zu schicken.

»Ich höre, es gibt Probleme«, erkundigte sich dieser
schleimige Holger Götz wenig später bei Sandy. Er grinste
für mein Gefühl etwas zu breit bei ihrer Beschwerde.
Ich finde die Frau auch unangenehm, aber ich bin auch
nicht Veranstaltungsmanager. Da könnte er sich besser
im Griff haben.

Im Griff haben, das ist das Stichwort. Während Hol-
ger Sandy auseinandersetzte, dass er kein anderes Bett
hätte und sie doch froh sein könne, dass sie überhaupt

unter die Top 8 gekommen sei, fuchtelte er mit seinen Händen in der Luft herum. Da hatte ich einen Backflash. Genauso hatte er bei der Eröffnungsveranstaltung gefuchtelt. Da hatte ich den Leberfleck zum ersten Mal bemerkt, aber vergessen. Wie gesagt, wer merkt sich Leberflecke?

Als ich ihn fuchteln sah und ihm zuhörte, wurde mir auf einmal alles klar. Bei seinem Eröffnungsgelaber hatte er erwähnt, dass er auch Blogger sei und welche Chance der Wettbewerb für einen Blog bedeute. Für mich zählte nur der erste Preis. Dass mit dem Gewinn auch eine bezahlte freie Mitarbeit für ein Jahr verbunden war, die vom Touristikverband finanziert wird, hatte ich völlig übersehen. »Sie haben die Chance, einer der berühmtesten Blogger zu werden«, hatte dieser bei der Eröffnung extra betont. Mich interessiert das nicht, aber ihn anscheinend. Seine Erklärung, weshalb das Bett nicht ausgetauscht werden konnte, endete zumindest in einem Monolog darüber, welches Glück wir hätten und dass die wirklich guten Blogger gar nicht erst in die Finalrunde gekommen wären. Ich habe so getan, als wollte ich mir noch eine Portion Rührei holen und die Kommissarin angerufen, um ihr einen Tipp zu geben.

Es dauerte keine halbe Stunde, da konnte ich Fotos schießen, wie Holger Götz von zwei Polizisten abgeführt wurde.

»Die haben doch alle keine Ahnung«, schimpfte er bei seinem Gang durch die Hotellobby. »Ich hätte denen schon gezeigt, was ein echter Ruhrblog ist. Aber mich hat man ja schon vor dem Finale aussortiert.«

Wie kann man so bescheuert sein? Echt, ich blogge wirklich gerne, aber dafür bringe ich doch keinen um! Okay, vielleicht einen Leser, der zu nervige Kommentare schreibt. Wie diesen Tim, der ständig behauptet, Xanten gehöre nicht zum Ruhrgebiet. Aber wie sagt meine Oma immer. Jedem Tierken sein Pläsierken. Wenn er das braucht. Ich brauche jetzt jedenfalls erst mal ein Pils.

Bis denne, Kempi

118 Der Archäologische Park in Xanten vermittelt seinen Besuchern auf unterhaltsame Weise einen Eindruck vom Leben in die Zeit der Römer.

119 Auf den Spuren prominenter Xantener lässt sich mithilfe der Fußstapfenroute die historische Innenstadt mit dem Dom St. Viktor Stadt auf besondere Art erkunden.

120 In der Kriemhildmühle wird das Mehl noch von Hand gemahlen und wer mag, kann dabei zusehen, wie die selbstgebackenen Brote aus dem Ofen kommen.

121 Der Terrazoo in Rheinberg ist nichts für Angsthasen und Schlangenphobiker, denn hier kann man live miterleben, wie Reptilien den Alltag verbringen.

122 Im Naturschutzgebiet Bislicher Insel können Besucher die Seele baumeln lassen, die Natur genießen und sich auch über die Entwicklung der Natur am Niederrhein informieren.

123 Das Wasserschloss Voerde lockt nicht nur als historisches Schmuckstück, sondern auch mit einem

Kultur- und Veranstaltungsprogramm, das für jeden etwas bietet.

124 Eher besinnlich geht es im wunderschönen Barockgarten des fast 900 Jahre alten Zisterzienserklosters Kamp zu, das zudem mit kulturellen Veranstaltungen lockt.

125 Das Konrad-Duden-Haus in Wesel ist heute ein Hotel, doch wer es besucht, spürt den Geist des Vaters der Rechtschreibung.

BIRGIT EBBERT
Schneewalzer
· ·
978-3-8392-1738-2 (Paperback)
978-3-8392-4739-6 (pdf)
978-3-8392-4738-9 (epub)

»Eine Buchhändlerin ermittelt.«

Die elfjährige Lara verschwindet spurlos aus der Hagener Innenstadt. Sie hatte versucht, ihr Taschengeld als Straßenmusikerin aufzubessern. Drei Freundinnen des Mädchens verteilen in der Stadt Suchplakate, eines davon in der Buchhandlung von Anja Henke. Als die Krimiliebhaberin und Hobbykriminalistin von der Vermissten Lara erfährt, macht sich auf die Suche nach der Verschwundenen. Dabei stößt sie auf mafiaähnliche Strukturen, die die Hagener Vorweihnachtszeit trüben.

SPANNUNG

GMEINER

WWW.GMEINER-VERLAG.DE
Wir machen's spannend

BIRGIT EBBERT
Falsches Zeugnis
. . . .
978-3-8392-1696-5 (Paperback)
978-3-8392-4669-6 (pdf)
978-3-8392-4668-9 (epub)

»Gibt es noch weitere Tagebücher von Anne Frank?«

Ein Unbekannter wendet sich per E-Mail an Karina Bessling. Er ist angeblich im Besitz von bisher unveröffentlichten Tagebüchern von Anne Frank und möchte diese nun gewinnbringend veräußern. Karina glaubt zuerst an einen Scherz, bietet jedoch aus Neugier ihre Hilfe an. Kurz darauf steht die Polizei vor ihrer Tür und erklärt ihr, dass der Unbekannte ertrunken ist. Als Karina dennoch eine weitere Mail erhält, beschließt sie, den Verfasser zu suchen und dem Fall auf den Grund zu gehen.

BIRGIT EBBERT
Brandbücher
. . . .
978-3-8392-1448-0 (Paperback)
978-3-8392-4209-4 (pdf)
978-3-8392-4208-7 (epub)

»Ein dunkles Kapitel deutscher Geschichte spannend erzählt.«

Die junge Karina findet im Haus ihrer verstorbenen Großtante geheimnisvolle Postkarten. Die Suche nach deren Ursprung führt sie 70 Jahre zurück, in das Jahr 1933, als ihre Großtante Haushälterin bei einem jüdischen Buchhändler war. Hautnah musste ihre Großtante miterleben, wie der Einfluss der Hitler-Getreuen wuchs und in Münster die Bücherverbrennung vorbereitet wurde.

Karina taucht tief in die damaligen Geschehnisse ein und gerät schließlich in Lebensgefahr. Denn sie stößt auf Machenschaften, die bis heute unentdeckt blieben.

SPANNUNG

GMEINER

WWW.GMEINER-VERLAG.DE
Wir machen's spannend

Das Neueste aus der Gmeiner-Bibliothek

Unsere Lesermagazine

Bestellen Sie das kostenlose KrimiJournal in Ihrer
Buchhandlung oder unter www.gmeiner-verlag.de

Informieren Sie sich ...

www ... auf unserer Homepage:
www.gmeiner-verlag.de

@ ... über unseren Newsletter:
Melden Sie sich für unseren Newsletter an
unter www.gmeiner-verlag.de/newsletter

f ... werden Sie Fan auf Facebook:
www.facebook.com/gmeiner.verlag

Mitmachen und gewinnen!

Schicken Sie uns Ihre Meinung zu unseren Büchern
per Mail an gewinnspiel@gmeiner-verlag.de und
nehmen Sie automatisch an unserem Jahresgewinn-
spiel mit »mörderisch guten« Preisen teil!